閒書打怪

閱讀是不敗的人生打怪力

宋怡慧——著

目次

輯二　跨領域閱讀

輯三　新課綱時代素養閱讀

推薦序

感謝那些生命中的「怪」

愛瑞克（《內在原力》作者、TMBA共同創辦人）

我是每年速讀加上細讀合計超過一千本書的愛書人，也曾受金石堂之邀，擔任二〇二二年上半年度（第一屆）的「愛書大使」，無償推廣閱讀，因為自己過去曾是被閱讀而拯救的人，也願意幫助人們透過閱讀來翻轉人生。受任之前，我只問了一句：「為什麼不是宋怡慧？」

原來是她當時太忙了，除了本身教職的忙碌，又有好幾個專案（包含跨國的專案）在身，檔期上不易配合，我多年前從金融業提早退休，時間很多，所以臨危受命，就先上場了！半年之後，不出所料，二〇二二年下半年度（第二屆）

的愛書大使即是由她出任。怡慧老師推廣閱讀二十多年，讀過的書、推薦過的書，數量是我的幾倍，因她而獲得救贖的孩子們，數以萬計。若台灣能出現一本能夠教人從閱讀中獲得各種人生能力的著作，那麼我想一定非怡慧老師莫屬（前提是她要有空）！現在，天時地利人和齊備，於是《用書打怪》這本書便問世了。

我們一生之中，必然會遇到許許多多的「怪」，包含怪人、怪事、怪物。當我們遇到時，如果沒有對應的寶物來面對、處理、解決它們，往往會造成心理上的衝擊，甚至不幸成為人生的陰影，在後來的人生路上遇到類似的人事物或情境，可能再度湧現恐懼、擔憂、痛苦的情緒，小害則裹足不前，大害則馬失前蹄、兵敗如山倒。事實上，人生中一切的「怪」，書都有解！

我人生中的每一次低潮，都是書陪我走出谷底的！十九歲那一年我第一次失戀，人生陷入走不出來的黑暗，還好我窩在書店裡一整個暑假找解藥，感謝劉墉、戴爾・卡內基的著作讓我走出憂慮，在一個暑假之內就獲得脫胎換骨的勇氣。二十一歲那一年甄試研究所落榜，人生又再度卡關，眼看無路可走，感謝嚴長壽先生的著作讓我理解學歷不是關鍵，每個人都能以利他共好的方式活出最有價值的人生，他書中說：「我不祈求你一帆風順、萬事如意，我只祈求在每個問題發生時，你都有繼續面對問題的勇氣與毅力，支撐下去。」

儘管疫情肆虐，但絲毫不影響台灣每年仍有三、四萬本新書上市（台灣真是個有文化、有多元知識的寶島啊），有些是新作，有些是舊作重新上市，也有許多是國外著作的中譯版問世，對我來說，至少每年值得一看的書一定有一千本！這也是我為何無論細讀、速讀，也要堅持一年看一千本書的原因：能遍覽全天下的知識和智慧，真的是一大享受。或許就像老饕們要吃遍大江南北的特色料理一樣，沒嘗過就是覺得有遺憾，想盡辦法一定要親自嘗一次！然而，當我從出版社拿到《用書打怪》初稿，細讀之後，才驚見怡慧老師閱讀之廣、理解之深，遠超過了我的水準，不由得打從心裡讚佩！我想，這就是她多年擔任高中圖書館主任所累積下來的專業素養、一種無可被取代的角色。

學會速讀的方法，要讀遍各領域的好書並不難；看過諸多好書的人，要分享給其他人來讀也不難，難的是：如何選書？如何有系統、有邏輯、有說服力的方式讓他人也樂於共讀？我想，這些就是怡慧老師最無人能及的能力與經驗所在。《用書打怪》是以她豐沛的學養、龐大的閱讀量，加上選書說書的專業素養，交織而成的智慧精華——它不僅是「書中之書」，甚至教讀者的已經不是書本身所承載的知識，而是生命本身的多元性！

《用書打怪》看似章節甚多、推薦書單龐雜，事實上，這本書是一座圖書館！我們帶著一座行動的圖書館可以隨時翻閱，但不求一次把整座圖書館翻遍，而是隨我們的需求去查閱我們當前最需要的領域，裡面必有足夠的書單指引我們延伸閱讀的方向；我們也可以順著人生的未知前進，隨著不同的歷練，來看看書中所談的那些心境與啟發，或許深有共鳴，或許會因為怡慧的旁徵博引而讓我們欣見柳暗花明又一村的機會！

謝謝怡慧老師，讓我們知道原來人生中所有的怪，書中都有解！這本書也讓我們驚見，原來在我們眼前展開的無限多條未知之路，其實都有前人曾經走過類似境遇！原來面對疫情後的世界變局與未知的發展，我們一點也不用擔心，就讓這本「書中之書」陪我們踏上充滿各種「怪」的英雄旅程吧！相信我們必然會見怪不怪！並且感謝上天幫我們準備這一切所有的「怪」，豐富了我們的旅程，並讓我們帶著多元而難忘的體驗滿載而歸。

願好書與你同在！

自序

閱讀是不敗的人生打怪力

歲月如流，悠悠而過。如果，沒有閱讀時光的溫潤，疫情下生活可能緊張忙亂又難以緩解內在的悽惶。回首出版《用書脫魯》竟是三年前的事了。當時，新課綱正如火如荼地展開，期待以三面九項二十力，能接軌學習新時代的到來，以書「脫魯」，用閱讀習慣撕掉「魯蛇」標籤，讓它成為我們最好的朋友，陪我們汲取知識、鍛鍊能力，為失速的生活、有惑的人生，尋到渠道、找到解方。《用書打怪》接續其閱讀引路的核心價值，期待在後疫情時代，面對詭譎的世局，仍能用書打怪，有勇無懼地邁向終身學習的時代。我相信閱讀依舊是我們人生闖關的安靜旅伴，更是「打怪」路上強助攻的神隊友。

記得一個故事是這樣說的：人類的祖先因懼怕狼群，所以學會了生火。但是，火光照射不到的地方，他們又該如何自處安頓呢？聰明的老祖宗就學會說故事，讓置身無光之境的人們不會那麼害怕黑暗，據說這就是文學的起源。

這個故事似乎也告訴我們：當我們的世界有了文字、文學之後，就不再害怕無光的所在。文學出現的「初衷」，就像自己書寫閱讀系列的初心——希望大家處於人生低谷之際，甚至是生活困頓之時，因為閱讀的陪伴，讓你不再畏懼出現在黑暗世界的「妖怪們」。閱讀引路讓我們相信有光的存在，它正在不遠處等著你我。

走在夢想的路上，難以預測的未來，面臨無常風雨襲擊，一如 Peter Su 說的：爬著、跪著，也要堅持走到目標的終點。或許，面對的困難越大、挑戰越高，也代表我們正走在自我實現的路上，不再渾渾噩噩，正學習著闖關打怪的「肌力」，所鍛鍊的能力將進入更系統、全面、多元的訓練期，我稱它為打怪升級的生活素養。

數位時代的學生們，大多喜歡在手遊世界裡，享受不斷破關晉升的快樂。他們快速從失敗的關卡，累積能力，刻意練習升級密技，總是用最短的時間成為虛擬遊戲世界的霸主。如果，返回真實的世界，當我們遇到真正的人生難關時，可否運用遊戲打怪的經驗，透過虛實整合，尋得有效的策略，讓自己也在現實世界找到生命闖關訣竅，讓人生走進不斷精進躍遷的坦途。

大多數的人聽完我的說法，總是語帶嚴肅地提醒：

現實生活和遊戲人生還是迥然不同，虛擬遊戲失敗了可以不斷重來，現實人生可不是這樣簡單的重整歸零呀！畢竟，現實生活挑戰失敗，你失去的可能是時間、金錢、人脈，這都可能崩塌穩固的生命支柱。因而，若把遊戲與真實生活做個銜接，閱讀可以讓我們處理難關與低潮，就像我提出的「用書打怪」。

「怪」在這本書取其在神話傳說中的「妖魔鬼怪」的含意。它放到人生系統，通常會被歸類於反派角色，是破壞主角前往英雄之旅的障礙，它阻擋英雄前進的步履，甚至，使其受困受挫而裹足不前。

人生行走，誰的背上沒有捱個箭、受點傷？果真人心難測，不小心就會遇到「鬼怪」擋路。你可能無法一次就ＫＯ它，你必須耐住性子，仔細觀察、用心蓄積能力，記取失敗的經驗，並請出自己的打怪盟友。當我們遇到各式各樣的人生困難以及遭逢妖怪強勢逆襲，你對準打怪需求，就讓表列的作家們一一列隊，請出熱情組、實力組、恆毅組、人脈組、特異功能組，隊友火力強大，絕對可以讓你「戰無不勝，攻無不克」，你只需要專注修煉，專心養力，你會發現打怪能力逐漸「長」出來，進而習得強大的打怪技藝。

如果，你夠幸運，還會遇見一本命定之書，它正是人生打怪的特級彩蛋，也是最強的打怪武器，它用於何處都適合，能克服現實人生所有的「坎」。通常，越強大的妖怪，必須在終極關頭才有機會與之交手，若能對決成功，你就有機會成為終結戰局的英雄。

宋代蔡襄禪語詩提及：「花未全開月未圓，尋花待月思依然。」清代曾國藩讀到此詩，寫下眉批、與其應和，讓其找到「寧可守其缺，也不敢求其全」

的打怪能力。他不像其弟曾國荃，大鳴大放、盡情抒展才情。絕不放過可創的人生大局，把握生機勃發的契機，猶如春夏發舒之氣。人生追求的目標沒有對錯，不過，你的格局決定人生的結局。曾國藩明白：花開將謝，月盈轉虧，人生達到巔峰之後，要面臨的是「成就下滑」的曲線。不如學習蔡襄「人生小滿」的密技——花半開時，人微醉時，正是生命佳趣時，能力尚有不足，我們努力謹慎地修煉自己，走在謙虛、知足的人生之道。因此，曾國藩避免樹大招風、樹敵征戰的關卡，讓自己避開妖怪，不用與之正面對決，反而輕鬆過關。

人生的關卡何其多？生命的妖怪也算是通往人生升級之路的貴人。當疫情席捲而來，《用書打怪》從自我精進、跨域溝通、素養生活三大面向，循序漸進地替讀者爬梳三層次的打怪修煉模式。透過後疫情時代閱讀，讓我們習得八種打怪的能力：從容適應力、正向轉念力、自主學習力、身心平衡力、明辨篤行力、生活美學力、人生微整力、簡約生活力。從年輕學子的視角出發，再美的時光任誰想捉也捉不住，想留卻也留不動。透過閱讀的流光緩解失落悵然，記錄疫情日子中，生命即便遇見難纏的黑怪、妖魔，閱讀的溫度保留細細微微的清明時刻，篩下多情卻被無情惱的淒涼，讓你只記得用心打怪的燦美時光，忘記黯然哭泣的餒累身影。在打怪的時刻，愛戀的，傷感的，疲累的，昂揚的情愫，你都嘗受領略過，你要為自己驕傲：無論是熱鬧喧騰抑或是蒼涼淒冷的生活淬鍊，你都因為閱讀的提燈，變身為賽凡提斯小說中的「唐吉訶德」，可以「完勝」生活中看似荒謬的、可笑的測試，學會拂去蒙塵的心靈，找到熱情勇敢、冒險犯難的自己，打敗日本妖怪裡喜歡惡作劇的鎌鼬、還有糾纏你變倒楣鬼的一反木綿、還有會讓你跌至深海暗溝的磯撫……細數你的打怪人生，無論是實體或線上的切換模式，我們都利用這八種打怪力，快速轉換心態、從容面對生活、回歸正常作息。同時，透過跨領域閱讀的七大能力，更讓我們能優雅地從讀書出走，走向讀人、讀世界的多元閱讀之途，最後，輕鬆轉化閱讀素養落實於生活之中，保有閱讀的習慣，學習的熱情，在資訊爆炸的時代，尋回知識的真確性，以此用於解決未來生活問題的能力。最重要的是，做學問和做人一樣都要莫忘初衷，行旅在善良的旅程，即便人生會不斷出現各式各樣的妖怪、難關，我們無須膽怯，因為閱讀利他的善意活水，不斷汩汩注入心田，讓我們能增益「知其不可為而為之」的打怪精神與能力，只要不斷「讀下去」、「闖下去」，人生就對了。

科學家曾探測到世上最神祕孤獨的鯨魚「52赫茲」。這隻鯨魚的聲音為52赫茲，明顯高於其他藍鯨（一般鯨魚聲音都在10到40赫茲之間）。當牠引吭高唱卻無人能知曉與理解時，讚頌之聲反成廣袤海洋哀傷、淒涼、寂寞的清韻。這個故事因為過於淒涼動人，許多人都把它當成孤芳自賞的人生標榜。直至今日，我寫成《用書打怪》，猛然驚覺：閱讀除了能讓我們認真打怪、升級闖關之外，是否也要避免自己的奇特，傷人或自傷，不自覺變成他人生命的「怪」。我們可以讓自己的奇特變成他人生命的助攻者，而非他人生命的「妖怪」。就像「52赫茲」事件的後續，在更多的科學家繼續探測後，發現一個新事實——高頻唱歌的鯨魚可能不只一隻，「52赫茲」很可能是「一群」高頻聲音的鯨魚群。閱讀這位神隊友的出現也是在幫助我們，找到同類的引力，讓彼此在文字中發現：自己並不怪，有一群人正唱著彼此都能理解的歌曲，我們雖然是少數，卻能相互扶持，即便披著奇特的原色，卻也是可愛可親的一群善意「鯨魚」。

當我們開始習慣「用書打怪」，就不再害怕因卡關帶來的受困情緒，同時也避免和他人產生衝突、對決的困局，讓自己盱衡全局，找到各路英雄與之「聯盟」，擬定目標一起「打怪」，彼此攜手走在善意升級的旅程。

記得大學時，有位教授曾說：「文本沒有被作者寫出來的，才是閱讀最美麗的餘韻，它留給讀者去想像、去創作……」一如《用書打怪》的二十篇打怪絮語，即便沒有明說這是何等高段的絕技，你卻能從中找到與人生關卡相應對的真正解法，而成為真正的打怪高手。

最後，以席慕蓉的詩句訴說我與閱讀的緣分——

如何讓你遇見我

在我最美麗的時刻　為這

我已在佛前　求了五百年

求祂讓我們結一段塵緣

閱讀是我們尋光前行的生命摯友，如果，它輕聲地詢問：

你願意加入用書打怪的行列嗎？請你不要拒絕，大聲說出：YES.I DO.

輯一

後疫情時代閱讀

因為疫情，我們必須開始在線上與實體之間切換，上課或上班皆然。面對突如其來的線上學習與在家工作的模式，有新的介面需要摸索，甚至生活作息也得重新檢視與安排。在後疫情時代下，我們該如何轉換自己的心境和生活模式？

01 從容適應力：疫情下如何面對低潮、負能量？

這幾年，從疫病到戰爭，全球都處於劇烈變化期。雖無力阻止什麼，生活卻還是會被疫病時代帶來的巨大轉變所影響。歷經因未知引發的恐慌、困頓、傷心、憤怒等階段。但生活若長期處於驚恐之中，身心也會日漸衰頽。因而，日常仍需要運動、閱讀、冥想、寫作來維持內外平衡。在疫情初期，確診人數逐漸攀升，使得人們陷入惶恐。透過清晨閱讀，進而簡單抒寫心情使自己趨向安穩。幾篇安頓身心的短文分享至臉書後，沒想到，隨興地信手之舉，引起許多愛書同好的留言打氣，甚至，大家也習慣趕個早，為我的文章按讚，用信息與我「問安」！以閱讀為始的生活儀式和彼此祝福，讓我們擁有一個正向身分的標籤，每日寫下幸福的事，讓世界多些好事「發生」，也因彼此都是早起的同好，互相走在為工作奮鬥、為防疫努力的路上，因為閱讀的牽繫，我們並不孤單。

◆突破難關，遇見更好的自己

疫情送給我們的人生禮物，可能是面對驟變時，如何保有從容適應的能力。身為教師必須在線上與實體之間切換資訊、媒材，上課和上班突然都多了因應環境而調整授課互動的模式。盡快順利轉換心態，以及妥善做出因應，是師生第一時間都要去面對和學習的。如何使用視訊軟體進行遠距教學？和同事線上開會怎麼樣做會更有效率？在這個悽惶的過渡期，家人間相互陪伴與支持更是同等重要。居家上班上課，不管家裡有上班族，還是學生族，大家要共處一室，或許，就要協調在家工作或上課的空間以及時間的分配。如何在生活作息互相配合，取得和諧共處的新局？或許，因為減少通勤的時間而多了緩衝的時間空檔，也多了些時間，可以照顧居家授課的孩子們，完善他們生活起居的照應。

我們真的沒有太多藉口可以抱怨，口罩、遠距、社交距離，天天都有滾動修正後的新政策，每個人彷彿走在「我還能做什麼來因應」的路上。在職場需扛負的重擔，在家裡要扮演的角色，壓力如排山倒海襲來的同時，還得要時時觀照自己的身體與心靈，讓它們擁有健康與能量的挹注，陪伴我們做好「抗疫」的行動。

如果說有什麼還能夠為生活「加持」的，《持續成功：超越關鍵的一點點，就能獲得資源與好運》就是能讓我們在與疫病對峙的時刻，學習如何累積優勢的一本書。它教導我們如何安排事情的先後順序，使我們更妥善管理自身生活，綻放自我的風采，優雅地慢慢前進。原來，愈自律就能愈自由，愈自律就招致意想不到的好機會，打造獨創的成功之路！

◆跟隨文學繆思，重返往日時光

純愛小說家八月長安的作品，總能喚起高中時期的浪漫情懷：你的青春曾經錯過了誰？喜歡一個人會是什麼心情？青春的美好往往使人留戀再三，繾綣難捨。小說家從細微處捕捉到青春熱血交織的日子裡，格外動人的時刻，寫出《這麼多年》關乎愛情的慢時尚小說。在書裡提到：有一種愛情，叫做陳見夏遇見李燃。生命遇見為你義無反顧的人，是多麼幸福的事……即便要為所愛抵擋千軍萬馬，我依然無所畏懼。小說之所以引起廣大讀者的迴響，是因為它恰到好處地描繪青澀時代男女間的曖昧和酸楚，讀者終能從細微情節裡明白：誰的青春沒有輕狂？誰的青春沒有傷痕？但愛了就是愛了。

那份勇往直前的熱力，就是青春無悔呀！儘管如今回不去純美的時光，驀然回首，文字串連的仍是生命中曾經的款款柔情。偶爾，讀著讀著，你可能會和女主一樣悲觀地對自己說：你不配擁有最好的，是你悲傷地栽下了失去的苦果……。又抑或是感覺和男主一樣，在渾噩的人生抱持某一絲的清醒。因為愛一個人而覺得自己沒有迷醉，那是多麼幸運的覺知。小說家對青春的執念，重現了我們當年對戀愛時長駐的細微感懷，如今在書中每個人都有機會再次邂逅屬於自己的真愛身影。

另外值得一提的是書封的文青設計感，畫家筆觸勾勒出角色內心的悸動，那是第一眼與對方相見就怦然心動的羞澀。小說分為三冊，然而讀來節奏暢快，總是迫不及待地想續接著了解爾後情節的發展。讀完三冊小說，你會懂得佛洛姆說的：「愛是自身的能力，給予愈多，你就愈飽滿。」和所愛相遇的季節，猶如在美麗的清晨，聽見陽台鳥兒的啁啾著：早安，親愛的你。

◆ 提筆書寫過去，修復生命力量

面對有點憂鬱的時刻，作者蜜雪兒・皮爾斯分享自例與收集過的案例，來溫柔地與我們分享低潮是生命的一種提醒，把困境當成重新思考的新機，引導讀者可以嘗試透過書寫，找出如何解決問題的各種答案，提供自己整理爬梳生活的渠道，有機會把痛苦的酸澀轉化成生命的甜釀。相信世界有光，必須用強大無懼的書寫力量，讓自己再次勇敢向前，以更積極的態度面對困挫……羅曼．羅蘭說：「看清生活的真相，仍願意熱愛生活」，這句話不只熱血也鼓舞自己：所有的相遇雖不一定能留下美好的回憶，但在路的盡頭，請用溫柔的心意祝福彼此：謝謝你，再見！「療癒書寫」讓我們學會在施與受之間，多給一點的人，心就能因廣闊而自在自由。

情與理之間，不爭多讓的人，為日後再見留點機會。生命常是從別人的舉措應對，反省自己、探問自己：善意與誠心是否遺失了？領受痛苦與傷痛，卻不讓暗黑攫住你的善意之心，從創傷中蟄伏再次蛻變成「更好的自己」！

◆ 接住過去墜落的靈魂

人生總會遇到卡關的時候，但「自己的努力只有自己最清楚」，生活的磕碰的確不足為外人道矣！一如歐普拉說：「曾經發生在你身上的事，能夠成為你的力量。所有時間、所有時刻，你都在培養堅強。」《你發生過什麼事》是歐普拉與精神科醫生培理，以對談的方式討論創傷的機制與復原的本質。從歐普拉的生命經歷，還有受訪者的生活經歷，再從醫界的專業分析，用腦科學進行深入地解說，透過大腦獨特的適應力，重建心理的強大韌性。

有時候，你是否會發現：某些人對朋友的互動特別苛刻，不只要求完美，又讓人難以喘息。甚至，某些人對家人的關愛總是很極端，落入「情勒」的關係而不自知。某些人很難控制情緒，做出傷人傷己，事後又後悔萬分的事情，以上所述的「某些人」是否也包含自己？你今日的行徑舉措，可能都和你過去經歷過的事件有關。你必須探討自己的行為及其背後的原因，重建價值觀，找到自己喜歡的人生走向，而非被困在過去的記憶陰影裡。若能重新整頓過往，做出同理，也算是真正地理解事情本質，這樣才有機會真正解決問題。下次，朋友心情低落時，別急著安慰他／她。或許，只需要溫柔地問聲：「你發生什麼事？」改變也就會從這句柔軟的同理輕鬆地開展了，當你與對方走過從前，過去式的解方與答案就在他／她的心中。

◆世界不缺愛，只是沒有發現

吳若權以愛為名的《其實，你不是你以為的自己》，透過作者溫柔的絮語，讓我們可以面向大海，歲月無驚。作者本身就是一位內在豐盛，替讀者提燈的心靈勵志創作者。書中提及：「你是浪花，也是海洋！」永遠不要評論貶低自己。書中最重要的思考是——解除「限制性信念」，拋開欠缺與不足的束縛，認識自己、喜歡自己、認同自己。這句話提醒我們不低估自己，犯了冒牌貨心理，也不要高估自己，陷入紙上談兵症候群。

我同意學生反饋我的：我就是不想努力，我就是廢，充滿負能量不行嗎？沒錯，好的、壞的，都是我們的情緒，要接受，要面對，要解決。但，最重要的，無論情緒高低起伏，都要學會控管它。用對方法，透過吸引力法則，讓你結交更多的恆星人，成就生命的種種美好，讓自己活出發光發熱的人生，讓你面對困局也能肯定自己突破盲點，學會「無條件愛自己」，找到內在樸實無華的真實力量。

◆ 我在人間拾溫柔

陽光悄然灑落窗櫺，被溫暖的光影喚醒。靜靜地呼吸，感受環境的聲響，從空無到盈滿，天地的繽紛多彩，慢慢，慢慢，揭開一日美好的序幕。當世界冷了，我陪你熱起來——這是中唐白居易送給琵琶女的溫情。當世界寂寞了，我幫你填滿溫柔——這是伊芙送給所有讀者的愛。從她的文字，你的耳際會想起這樣的絮語：親愛的，人間荒謬，可我在人間拾溫柔。喜歡是希望得到靈犀的迴響，愛卻是令人永遠念念不忘的畫面。

伊芙的文字蘊藏暖意烘烘的訊息。世界的確會寂寞、會不可愛、會讓你無力，而且偶爾覺得「煩」和「躁」……但是，你用什麼方式去拾起溫柔的流光，許自己一個不算壞的下一步，堅定地向前走……喜歡一個人，其實是練習喜歡自己。愛雖然是與生俱有的，但還是要常常練習。伊芙的文筆依然存有力量——如果想做一件事，一定要提早進行，堅持做下去，你就沒有機會說遺憾了。溫柔之光閃爍，拾起就能擁有溫柔。

疫情期間，我們正領受：「這是最好的時代，也是最壞的時代」的處境。如何自創生活的驚喜感？你可以像「愈努力就愈好運」的作家楊斯棓一樣，不只推廣閱讀，也買書送書給有緣人，營造書香社會的溫暖，斯棓自帶善意的光芒，讓暗黑的世界處處升起閱讀之光。生命需要熱情實踐，我們卻常常停留在

「想」的階段，斯棓總是去行動，並透過《人生路引》把閱讀變成浪漫的日常、生活的解方。當閱讀與寫作成為疫情時代，人與人之間深情的祝福時，即便面對疫情襲來的生活，因為心態的調整，獲得一個創新的思考。或許，就像愛瑞克《內在原力》教會我們的：心念一轉，就能遇見美好的人與事，用原力找到生命的奧義，進而改變現況，以恆星人的姿態，不斷躍遷再出發。

推薦書單

- 《持續成功：超越關鍵的一點點，就能獲得資源與好運》，蔡壘磊，好人出版。
- 《底層邏輯：看清這個世界的底牌》，劉潤，時報出版。
- 《這麼多年　上中下》（三冊合售），八月長安，平裝本。
- 《書寫修復練習》，蜜雪兒．皮爾斯，采實文化。
- 《你發生過什麼事》，歐普拉．溫芙蕾、布魯斯．D．培理，悅知文化。

- 《其實，你不是你以為的自己》，吳若權，悅知文化。
- 《我在人間拾溫柔》，伊芙，皇冠。
- 《人生路引：我從閱讀中練就的28個基本功》，楊斯棓，先覺。
- 《內在原力：9個設定，活出最好的人生版本》，愛瑞克，新樂園。

02

正向轉念力：改變看待世界的方式

處於快速競爭的時代，加上籠罩在新冠病毒（COVID-19）的未知氛圍裡，如此雪上加霜的處境，人心也相形忐忑脆弱。煩惱擔憂，徬徨不安，出現這些反應都是人之常情。因而，壓力襲來，情緒容易波動，若把它視為一個「天啟」，我們就能從中沉澱蓄積再出發。回不去的歲月，如何在危機中，安頓內在的需求？若能帶著一本書，讓閱讀增添生命的暖度，我們就能做出正確的選擇及迅捷的應變方式，進而營造更和諧的人際關係，甚至找到改變的契機，為生命尋得春日暖陽的解方，保持對世界的善意與樂觀，繼續走在 Fighting 的旅程裡！

◆穩定情緒，身心豐足

疫情升溫，面對人與人必須「保持距離」的時刻，家人共處一室以及工作與學習不同於過往的窘疫情況，人心的躁動與喧譁的世態，有機會一日二十四小時共度的家人室友們，相互體諒、維持身心靈的健康與良好的互動，人際來往就變得很重要。此時，幾米《星星是暗夜的眼睛》繪出「生命有時，死亡有時」的圖像，配搭安定人心，撫慰內在的文字——當世界傾斜了，殘酷與悲傷的日子走近孩子的世界，我們要如何幫助孩子走出陰霾？或許，世界還是會讓人失望崩潰，幾米透過蘊藏光明指引的圖文，讓陷入憂傷失落的人們，感知歲月有愛與明亮的光輕輕灑落。

謝謝作家幾米攜帶著藝術家的靈犀，溫柔地對我們說：「你眷顧著的，必然也看顧著你。」過去的終究是留在愈來愈遠的那邊。我知道你們會在夜裡看顧著我，在我心中你們就跟星星一樣閃耀。面對疫情，讓我們停止抱怨，捲起袖子多做點事，給予他人善意、善解的同理，疫情之路即便顛躓難行，但堅定的信念會圓滿殘缺的遺憾，故事的結局將會畫上快樂的句點。

◆放下壓力，做好溝通

因疫情而生的線上課程，大家要兼顧不停班的工作又要監督孩子不停學的課業，果真蠟燭兩頭燒。說真心話，大人們真的可以笑看「混亂」，彼此放輕鬆些。要孩子一天八小時緊盯螢幕，連大人都做不到了。我們可以趁機與孩子溝通學習的意義，還有時間管理與自律的重要，慢慢觀察孩子的平日學習樣態，即便孩子還在適應期，甚至進步得很慢，只要是走在「前進」的路上，我都要為他喝采。《不用完美，做個還不錯的人就好》是韓國腦科學專家革命性的療癒系書籍，當大腦受傷了，就會升騰痛苦、疲憊、焦慮的情緒，人生可以努力，但不要讓自己陷入「費力」的泥淖。面對疫病時代，家人與朋友之間，不要試圖去推測懷疑，甚至開啟尖銳的防衛機制。我們應該做好同理包容但無需退讓到自我委屈，從家人關係的重新建構肯定自己的付出，也自我接納啟動「互助合作」的關係，或許，這是穩固家人情感的好機會，何不放手試試「新關係」？

《別人怎麼對你，都因為你說的話》，這本書提醒我們：做人正直是優點，但說話太直就是缺點了。即便是家人關係，如何好好說話，進行非暴力溝通，是很重要的智慧和修煉。關係愈親近，常會忘記說話的暖度，甚至還會陷入情緒勒索的情狀，會說話的人，說到人人歡喜，不會說話的人，說到人人心死，原來人際的「坎」，來自於我們的語言框架，是溝通限制自己的人生和人際交流。

其中最令我警醒的是：別拿直性子「騙」自己，你是發光體還是黑洞，都在你的一言一語中。同時，反觀內在，承認自己還不了解自己，走在不斷與自己對話的路上，你會得到內在更多的支持。書中的內容讓我知道：別人給你的評價，常常是來自於溝通的當下。從你說話的態度，就決定了你在別人心中的定位，若能好好溝通，也就能優雅地接受各種對話形式的失敗。這是一本可以改變人生格局和生命高度的溝通系書籍，也能讓自己的人生，迎來貴人相助，互相扶持能走得更高更遠。疫情來襲帶來動盪不安的紛亂心緒，從內而外的觀察自己，檢視人我的互動溝通，懂得關照他人，也接納內在不同的聲音，找到生活前進的動力，結交到更多的朋友。

◆療癒傷痛，文字引光

與疫病共處的時代雖然艱難，不只要照顧好自己，不增加他人負擔，也要面對不可控的因素而尋獲解決之道。活得心安平和、過得靜寧舒坦，只要不傷害別人，情緒需要適時紓解的出口，每個人都必須找到合宜的安頓方式。有人會為自己列出一張快樂的清單，當情緒墜至低谷，避免被負能量束縛，多和自己對話，做些喜歡的事，都可以練習讓心情明亮起來，陰霾過去，心情就會雨過天晴。

川口俊和年過「不惑」才成為一名小說家，但不寫則已，一寫就成為百萬暢銷等級的作者，《在咖啡冷掉之前》不只銷售突破一百四十萬冊，這項亮眼的實績更激勵且鼓舞喜歡寫作的朋友，寫作從來就不嫌出道晚。作者的催淚新作《在說出再見之前》延續咖啡系的溫情筆觸，期待讀者從文字中獲取，不因時空阻隔而放棄夢想的核心價值，人只要活著，都有機會與幸福相伴：「人活著一定是為了變得幸福。」這句話更為人生投下積極向前的餘響。

作者此次小說情節結合二〇一一年日本三一一地震，試圖要讀者再次思考：人是否要活在過往的包袱與悔恨中？隨著四位主角們回到從前，你會明白：生命曾經錯過與追悔的答案，是為了讓你更珍惜當下。如果，穿越也無法改變事實，穿越的目的是什麼？是和自己和解，還是帶著希望，將自己的往後餘生，活成「倍萬自愛」的風景。這部小說讓我們把握此刻擁有的不凡，幸福常常是失去後，才驚覺自己曾真實地擁有過。

◆揮別過去，遇見自己

遇到瓶頸不斷的工作挑戰，特意在假期和媽媽宅家一起觀賞韓劇《非常律師禹英禑》，劇中女主的一段自白讓我潸然落淚了——我是個能給別人幸福的人嗎？我會不會也讓他感到孤獨呢？

曾經，我也懷疑過自己是否有能力給別人幸福，當我決定要和仰望自己前進的孩子說：對不起，我錯了。這是多麼刺心的無能與無力，卻無能為力，又是多麼珍貴的自省。任何生命的階段都會有心酸和淚水，有時候格格不入的自己，必須從撕心裂肺的折騰，回歸現實，面對挑戰。你才有機會在黑暗的世界引光而入！戰戰兢兢常是因為在乎遭逢困蹇，無法一帆風順，感覺自己很挫敗，卻又是如此珍貴的生命禮物。有時候被孩子氣惱，卻又忍不住原諒，這樣有點酸有點苦的歷程，卻是成為師者可貴的探尋。

有時候被他們討厭，卻又無法討厭他們。偶爾想起他們眼中會泛淚，嘴上會滑出微笑的弧線。第一次在學生面前感動到哭泣，第一次在學生面前真誠道歉，第一次為了實現與他們立下的諾言，而剪去留了幾年的長髮，第一次為陪伴他們走完升學考試，而一起挑燈夜戰……看到孩子失落的背影會因不捨而痛哭，看到孩子成功的笑靨會欣喜而振奮，從一次又一次的對話又和解的試煉，重新溫習年輕的自己。

溫美玉學姊的《成為溫美玉》如是說：「三十年來，我總是寫學生、寫家長、寫教學，這次，我終於要寫我自己。」美玉學姊一直是教學的引航者，從開創備課 Party、設立寫作坊、創辦教學公司，她一直在為自己的生命畫上一段又一段美麗的驚嘆號。

這次作者改用溫柔的筆觸，與自我對話進行人生反思，將自己三十多年的教學生涯，以三十篇的故事，從挫折到成功，從想望到實踐，展現自己對教育永不停歇的熱忱與真誠，或許，莫忘初心是她最動人的堅持，更是她魄力盡現的執行力。走在曲折蜿蜒的旅途，悠然回望，你終會了解：現在你以為的壞事，最後竟變成生命最大的祝福。向陽的生命不是口號，而是可以從生活體現的日常。

◆內在探問，閱讀有光

後疫情時代，做好時間管理，規畫動態運動與靜態閱讀的時光，且保有安排日常作息的自律力，讓這段因通膨、戰爭、疫情攪亂的生活秩序，能在命運的挑戰和疫病的洗禮下，有機會邂逅五彩的陽光，讓人生晴朗。很喜歡古賀史健的說法：「一本書或許不能改變世界，但可以改變我們看待世界的方式。」一當我們改變看待世界的方式，其生存之道也會跟著改變，因此閱讀看似靜默無聲，卻是擁有改變的真實力量。閱讀更是協助我們調整步伐，不困於過往經驗，讓我們保有做自己的自由，也能走在自律路上的最佳戰友。

推薦書單

- 《星星是暗夜的眼睛》，幾米，大塊文化。
- 《歡迎光臨夢境百貨：您所訂購的夢已銷售一空》，李美芮，寂寞。
- 《不用完美，做個還不錯的人就好：韓國腦科學專家革命性療癒聖經，寫給每個感到自卑、焦慮、挫折、痛苦的你！》，許智元，平安文化。
- 《別人怎麼對你，都因為你說的話》，黃啟團，平安文化。
- 《順勢溝通：一句話說到心坎裡！不消耗情緒，掌握優勢的39個對話練習》，張忘形，遠流。
- 《在說出再見之前》，川口俊和，悅知文化。
- 《成為溫美玉：從偏鄉女孩到資深良師，30年教學心法與人生智慧　溫美玉融合教學與人生體悟高峰之作》，溫美玉，天下文化。
- 《被討厭的勇氣》，岸見一郎、古賀史健，究竟。

03 自主學習力：培養自主學習的好時機，親子感情升溫

遇見幸福是人之所欲，遭逢困蹇是人之所惡。遭逢全球疫情爆發的時刻，如何安心生活，安靜作息，找回學習的規律，穩定堅定地前進步伐？我知道，要淡定地告訴你：「黑暗的背後是陽光」，這句話任誰也聽不下去！受苦的不是你，受難的不是你，這種「心靈雞湯」喝起來，味道真的難嚥又很不對味。那麼，換個角度思考——誰不是在黑暗中踽踽獨行著？面對世道人心，誰能真正無憂無慮？環顧四周，許多人即便辛苦，也不願意讓別人跟著辛苦，即便難過，也明白沒有一直哭泣的權利，即便有苦難言，都相信過了這個坎，就能看見那個村。

親愛的，我們不抱怨，試著在人生的寒冬找尋燦陽，面對災難和痛苦，無

須迴避，因為它不會憑空消失……但是，我們得有勇氣與責任去處理它。那是生活的一部分，也是成長最重要的區塊。讓我們從防疫書單的恍若有光中，使學習不打烊，一起重返閃亮人生吧！

◆ 省視生活作息，家人生活同步

疫情雖帶來人與人之間的空間疏離，卻也讓我們多出兩週的時間自主運用，給了家人之間求之不得的相互對話與陪伴的時光，我們可以共同制定居家學習的生活提案，讓自己做時間的主人，從起床到晚上休息，一日的生活作息，如何安排成可執行又豐富的時間表：可以發呆讓大腦天馬行空，可以盡力學習把作業進行複習或預習，做些可鍛鍊身體的室內運動，來點娛樂遊戲，做些家務勞動身體，顧家又健康。

這個時間作息表必須全家人共同擬定與遵守。大人的行動要與孩子同步，例如，孩子正在讀寫時，大人也可以陪同閱讀相關主題的書籍，或是著手進行工作上的計畫，全家一起進行減重，從飲食到運動，大家都一致參與。還有，做家務不是一個人的事，大家各司其職、分工合作，更能體會家是共同營造的愛之避風港。

居家時間，可以角色互換，讓孩子變成行事曆的執行監督者，家長既可以擔任楷模者，讓孩子能從中學習，也能從彼此同步的作息中，進行深度對話，增進彼此溝通，引導孩子面對突發狀況，如何運用所學進行解決，也讓他更理解無常人生，有情生活的價值，也產生對家庭的責任感，進而讓親子感情升溫。

推薦書單

- 《你可以跟孩子聊些什麼：新課綱上路，培養孩子成為終身學習者，每天二十分鐘，聊出思辨力與素養力！》，番紅花，麥田。

- 《家有青少年之父母生存手冊：看懂孩子省話、衝動、敏感背後的祕密》，彭菊仙，天下文化。
- 《薩提爾的親子對話：每個孩子，都是我們的孩子 從實戰經驗淬鍊超強親子對話》，李儀婷，天下文化。
- 《羅寶鴻的安定教養學：蒙特梭利、薩提爾、阿德勒，看懂孩子內在需求，培養正向、自信、穩定好性格》，羅寶鴻，親子天下。
- 《蒙特梭利教養進行式：鬩鬩園長的45個正向教養解方》，何鬩鬩，親子天下。
- 《我離開之後：一個母親給女兒的人生指南，以及那些來不及說的愛與牽掛》，蘇西・霍普金斯，三采。

◆ 紛亂的時刻，需要理性思辨

當疫情消息瘋傳，資訊紛亂，難免難辨事實的真偽。這種時候，我們需要啟動理性思辨的按鍵，當科技和大數據的力量，能讓我們有效地控制疫情與做好防護時，我們體會到：決策的關鍵在於利用科學的方法，理性的思考，進而去解決眼前的難關……

生活是最好的老師，面對恐慌而來的焦慮，我們真的要搶口罩嗎？要搶快篩劑嗎？要跟著人潮去搶物資和血氧機嗎？為什麼你明知道真實世界的樣貌，又那麼倉皇、忐忑不安？此刻，有哪些重要的學習議題是我們可以從中學習與反思的呢？你想過：如何與自然環境和諧相處？與社會集體意識和平共存？環境議題、公衛安全議題、道德與法治議題，科技議題、生命議題等，從疫情發生後，我們是該啟動思考重大議題的理性腦，找到解決問題的核心關鍵，勇敢面對疫病時代的挑戰，自主學習儼然成為不可或缺的素養。

推薦書單

- 《大腦超載時代的思考學》，丹尼爾‧列維廷，八旗文化。
- 《在一起孤獨：科技拉近了彼此距離，卻讓我們害怕親密交流？》，雪莉‧特克，時報出版。
- 《成為自己的內在英雄：6種人格原型，認識「我是誰」，活出最好版本的自己！》，蘇絢慧，三采。
- 《找回愛與尊重的自尊課：擁有安穩的自尊，安心成為自己，在關係裡自由自在》，蘇絢慧，三采。
- 《世界並不仁慈，但也不會虧待你：紐約商學院菁英爭相討論的人生策略》，史考特‧蓋洛威，天下雜誌。
- 《再啟蒙的年代：為理性、科學、人文主義和進步辯護》，史迪芬‧平克，商周出版。

◆找出線上學習的關鍵

我始終相信：任何好用的學習工具，都需要有人適時引導與陪伴學習者。如果，我們期待孩子能善用學習工具，我們就得根據每個人實際的需要，協助他們進行學科概念及主題的線上資源蒐集與分類，給出系統性學習的建議，再分配主題閱讀資料讓大家都能輕鬆參與。如果，你想培養孩子自主學習的能力，就不宜強制或是限制大家共同上線學習的時間，反而要給出資源列表，讓他自行搭配選擇。

不過，我可以給出學習的範圍與區段，派出有趣的任務，讓學生提高學習動機，能在時間內完成學習任務和目標。老師給的作業可以是探究與實作形式的，偶爾給點闖關遊戲元素的作業，不只樣態多元，也符合新鮮與刺激感，讓孩子們感覺到：即便一個人在家學習，老師和家人也像是在身邊與之互動與陪伴，內心的集體歸屬感，也能穩定一人自學的無助心情。當我們給出線上學習的主題清單，讓自主學習的規畫有效進行，輔以愛與陪伴，就能讓停課時間得以運用，不致陷入生活空轉的局面。

推薦書單

- 《厭世廢文觀止：英雄豪傑競靠腰，國文課本沒有教》，厭世國文老師，究竟。
- 《海獅說歐洲趣史：歷史課本一句話，背後其實很有事》，神奇海獅，究竟。
- 《故事學：學校沒教，你也要會的表達力》，歐陽立中，國語日報。
- 《青春正效應：新世代應該知道的人生微哲學——探索自我、友誼、學習、愛情、人生的50個夢想核爆點！》，蔡淇華，天下文化。
- 《德國一流大學教你數學家的22個思考工具》，克里斯昂．赫塞，漫遊者文化。
- 《學思達與師生對話：以學思達為外功、薩提爾為內力，讓教室成為沒有邊界的舞台》，郭進成、馬琇芬，天下文化。

◆認識環境與疫情邁向健康生活

面對疫情時刻，我們可以健康為主題，結合防病知識的汲取，科學防疫措施的建立，讓孩子注意當今重大社會議題，從中教導他們珍愛生命的重要。面對疫病侵襲不用悲觀，反而要以積極樂觀的心態來面對防疫工作。台灣從上而下，從下而上，我們看見社會互助的光明面。多少人默默傳愛，靜靜陪伴，甚至，相關防疫人員不眠不休的努力，幾乎是宵衣旰食地為全民健康把關。

疫情時代讓我們明白一個人的格局和視野決定事情的成敗，同時，真切地反思自身環境。面對社會共同困難時，我們要做出對社會負責與擔當的正面行為，也是我們共好人生價值的實踐。或許在最壞的時刻，面對無常逆襲的人生百態，正是考驗人性美好串聯的時機。未來若有機會再回首，這些點滴經歷，走過疫病的你我都是全球抗疫前行的同路人、我們擁有一份千金難買的人生經驗。

推薦書單

- 《你一定要知道的50種致命傳染病：登革熱、流感、伊波拉、愛滋病……奪命病菌，就在你身邊！》，彼得・摩爾，聯經出版公司。
- 《下一場人類大瘟疫：跨物種傳染病侵襲人類的致命接觸》，大衛・逵曼，漫遊者文化。
- 《細菌：我們的生命共同體》，哈諾・夏里休斯、里夏爾德・費里柏，商周出版。
- 《我們只有10%是人類：認識主宰你健康與快樂的90%細菌》，艾蘭納・柯琳，三采。
- 《悖論：破解科學史上最複雜的9大謎團》，吉姆・艾爾卡利里，三采。
- 《穀倉效應：為什麼分工反而造成個人失去競爭力、企業崩壞、政府無能、經濟失控？》，吉蓮・邰蒂，三采。

多元閱讀的契機與自我實踐

停課不停學，恰好是培養孩子多元閱讀最好的時機。教導孩子訂定學習目標，執行學習計畫，從預訂成果檢視自己的學習歷程。一個失敗的計畫並不是沒有意義的，唯有親身實踐，你才能看見自己的優、劣勢，機會和威脅。卡關的時刻可以靜下心與自己對話，找出學習真正的需求，甚至讓自己有個「空白時光」為人生和學習上問題進行自我解惑，慢下來的時刻，反而是一種生命的快轉。

大人的陪伴與引導，適時地給予孩子們有力的支持與正確的學習方法，才能培養孩子真正的自主學習能力。如果，我們不再把孩子學習的時間表塞滿，是不是才有機會讓他／她從中探索與思考，如何學習才能提高效率？學習成果才會更豐碩？學習從每次學習的經驗修正學習的模式，提升停課期間的時間管理力，用對方法就能幫孩子找到自主學習力的真正關鍵。

推薦書單

- 《打造理想人生的習慣大全：65個習慣開關，讓你輕鬆戒掉壞習慣、無痛養成好習慣》，古川武士，采實文化。
- 《創意，從計畫開始：最重要卻沒有人會教你的工作計畫教科書》，水野學，時報出版。
- 《10分鐘完成每件工作：讓你優秀的不是努力，而是方法》，森川亮，天下文化。
- 《未來科技的15道難題：面對世界最關鍵的轉折，微軟總裁最前瞻的預測與洞察》，布萊德・史密斯、卡洛・安・布朗，商周出版。
- 《知識的假象：為什麼我們從未獨立思考？》，史蒂芬・斯洛曼、菲力浦・芬恩巴赫，先覺。

04

身心平衡力：如何提高免疫力、心靈補給？

新冠病毒疫情仍在持續影響生活運轉，防疫工作自然是人人有責。在病毒特性、疫情走向都充滿變數的初期，群聚、逛街、購物、旅行、娛樂，看來都會讓自己暴露於較危險的環境，因而部分娛樂的暫停，全民做好防護是當務之急。有人說，經濟發展將陷入停滯不前，有人說，這會是人類的一大浩劫，面對真相，我們該用何種思維能讓自己不被操弄或利用？你可以憑藉科學思維且更正向去因應，理性度過艱困的疫情時期，也找到解決問題的實戰力。

◆認識病毒與共病時代

面對疫情，網路上的小道消息、以訛傳訛、眾說紛紜的資訊，造成人心惶惶。不僅無法正確判讀，還讓生活的痛苦倍增，防疫更是雪上加霜。建議大家讓內行的專家透過文字為你解惑，給你第一手的資料，閱讀這些書籍，你可以了解微生物與人類之間密切的關係，對抗舉世致命的疾病人類該如何因應，讓透明清楚的訊息，減緩驚恐和擔憂，找到正確的方式保護自己，做出適宜的策略與行動。其中《怪奇科學研究所》用說故事的敘寫來解答科學謎團與怪奇傳說，恰能讓我們腦洞大開，對於科學的世界允滿好奇想像與知識的新解。

◆讓免疫力平衡起來

除了戴口罩，免疫力才是對抗疾病和疫情的最佳武器，你可知道，免疫系統堪稱人體最精細微妙的武器，只要免疫系統處於平衡，人體就能健康。免疫力的支持者就是飲食均衡、睡眠充足、適度運動，這三者都不需要外加，只要靠自己去 HOLD 住，免疫力主動照護你，讓你變得更健康。莎拉・巴倫汀提出原始飲食生活攻略，透過食養，找到「吃的智慧」，就讓自己與健康同在，甚至逆轉病痛；沃克提醒我們，良好的睡眠可以讓我們健康、安全，甚至變得更聰明、有創意。至於運動的目的是遇見一個更好、更強壯、更美麗的自己。

◆搭建心靈補給站

心理學與神經科學家巴瑞特（Lisa Feldman Barrett）：情緒是一種預測，是每個人針對外在環境跟內在生理反應編出來的故事，而且只要加以訓練，絕大多數人對自己的情緒有高度的掌控能力。

這世界上有兩成的人，不管你怎麼努力，他都討厭你，甚至把你當成敵人。

生命的姿態是你掌控的，遇到焦慮的坎，徬徨的坎，失敗的坎，就慢下來，問問自己：「接下來，我應該怎麼做？」慢行反能找到前行的速度，退一步看看自己和世界的關係，人生永遠沒有對錯好壞的版本，你絕對有機會活出自己的「經典」的人生模樣。突破同溫層、踏出舒適圈，藉由壓力和挑戰來學習、適應和茁壯。或許，在有點厭世的時代，在被討厭的過程，你漸漸長出了做自己的勇氣。

我想：時常幫心靈做好補給，多觀察天地萬物，如一朵花的綻放，是你用心看見它的千嬌百媚，你和燦花相遇。即便有時走得崎嶇，詩意的棲居，讓生活恢復生機，豐盈自我享受自然，返璞歸真創造人生新局。

◆ 改變對世界的想像

《人類大命運》提到：這個世界不是非黑即白，你認為的既定價值觀，取決於社會文化的共識，屬於相對現實，而非客觀現實。東方社會的悲情文化，會讓西方社會感到很不可思議，做一件事情應該要感到愉悅，不快樂的事為何要做？賈德．戴蒙《動盪》拆解七國如何挺過三大類危局，透過事例，提醒我們，身陷危機時，我們可以如何選擇？面對全球當前的危機，從舊有思維到創新思考，我們雖不悲觀，但是如何迎戰生態性的毀滅，仍是人類必須要面對的嚴峻考驗。

◆紙上的食衣住行育樂

設計大師水野學告訴我們，磨練品味的方法，就是累積知識與保持客觀。防疫期間，一個人、一台電腦、一支手機，恰能自由汲取各種知識與資訊，透過自己分類整理後，轉化為創新的知識系譜。即便無法出門趴趴走，如何讓自己家中的廚房變成居酒屋，不用出門，舒服的「家酒場」，讓我們享受舌尖上的美味。如何挑選適合的衣服，讓潮服為你打造自我品牌？這是一個素人都可以變成網紅的新媒體時代，在家依然可以拓展人際關係，經營社交社群，打造出百萬獲利的商機？原來，紙上的食衣住行育樂，你可以透過閱讀一起全都包。面對這個最崩壞的時刻，反而是主動積極投資自己的人生的契機，有形、無形的投資，只要善加擘畫都能遇見幸福。

克麗歐．韋德曾說：「即使努力活著，還是會受傷、會犯錯、會失落，這樣的我們還能如何去愛？」她在疫情時代給出方向：我們得先從愛自己開始，擴及至家人、朋友、所有人。人生不如意已成常態，覺得難過的時候，尋找為身心帶來正能量的書籍，給予我們一些微光的照拂，輕輕柔柔，溫溫暖暖，我們也能尋回身心平衡的自己。

推薦書單

- 《怪奇科學研究所：42個腦洞大開的趣味科學故事》，SME，時報出版。
- 《對決病毒最前線》，阿里・可汗、威廉・派屈克，時報出版。
- 《共病時代》，芭芭拉・奈特森赫洛維茲、凱瑟琳・鮑爾斯，臉譜。
- 《免疫解碼》，麥特・瑞克托，奇光出版。
- 《食療聖經》，麥克・葛雷格、金・史東，漫遊者文化。
- 《跑過、煩惱過，才能發現的事》，大迫傑，時報出版。
- 《誰都是帶著心碎前行》，克麗歐・韋德，采實文化。
- 《如果不行，就逃跑吧！》，小池一夫，悅知文化。
- 《不再試著修補生命》，傑夫・福斯特，木馬文化。
- 《人類大命運：從智人到神人》，哈拉瑞，天下文化。
- 《動盪：國家如何化解危局、成功轉型？》，賈德・戴蒙，時報出版。
- 《家・酒場：67道下酒菜，在家舒服喝一杯或很多杯》，比才，有鹿文化。
- 《品味，從知識開始：日本設計天王打造百億暢銷品牌的美學思考術》，水野學，時報出版。

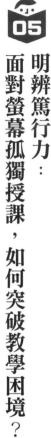

05 明辨篤行力：面對螢幕孤獨授課，如何突破教學困境？

我喜歡大江健三郎在《為什麼孩子要上學》如是說：「所謂的老師……並不是一個知道怎麼去教未知者的人，而是可以把學生心中的某種問題，重新再創造出來弄清楚，以此為工作的人。」

過去的師者，現代的師者，我們對教師這個身分有沒有不同的解讀？如果說：我們一生走在疑惑中，我們能做的是：陪孩子在疑惑中尋找他相信的真實答案，孩子們純真愛笑的眼睛有光；孩子們單純無邪笑靨有蜜。

我雖是平凡的老師，卻願是孩子生命的擺渡人，輕輕划槳，掄起學習的波紋，讓我們即便置身在繁雜的喧譁裡，仍能尋回靜駐底心與萬物冥合的好音，這又是何其幸運的工作？《社會在走，歷史要懂》呂捷想給的歷史知識彷彿一部社會生存說明書，從古人生活的點滴，我們汲取用於現代，待人處事的智慧，以及面對AI時代如何生存與生活之道。

身為老師的我們，要先讓自己感覺到幸福，才是製造更大的幸福給孩子們。大疫情時代，我們要該如何反思自己的教與學，還有自身的日常生活？我們不用灰心大環境的挑戰，《人慈》讓我們學會用光明的視角翻轉悲觀的思考，讓孩子能洞燭機先未來的問題，掌握先機，同時，當我們願意讓孩子感受到真心以待，他們就會相信：世界是美好與友善的，一如學生在課室感知到的我們。

同時，我們要每日打開美的覺知，讓眼耳鼻身意都與環境對話，你是否曾發現：教師節上接中秋下臨重陽，介於秋分與寒露之間嗎？微涼的氣候，《故宮裡的色彩美學與配色事典》提及：涼風乍起，白露降落，秋分起於「卵色」，寒露起於「醽醁」，從視覺色彩品賞先人詩意的生活況味為始，我們還能學習喬治・普羅契尼克《追尋寧靜》提醒我們：全然的寧靜我們才能聽見內在的鼓音，為自己追尋一方寧靜之處，從環境意識出發，回歸身心靜定的境界，能讓我們每日的教學活力滿滿、想像無限。

面對遲眠的月夜，我們若困在課務作業的勞形裡，打開窗扉，是否能巧見清亮如緞的月色以及星流星散的閃光，正迴盪於夜空？學著讓心底的塵埃灑落，那清明的光就會衝破你內心憂悶的層靄雲霧，讓激昂交錯的自然交響樂奏起，使你煩惱瞬間消遁，撫慰你在現實鞭笞下受傷的性靈。月亮忠實地陪伴你，猶如不朽《月亮是夜晚唯一的光芒》說到：我們也都將在愛與不愛裡，悄悄成為自己，無論他人的眼光，能夠慢慢地，成為自己喜歡的教師模樣，走在自我追尋的路上，月光旖旎讓我們毫不遲疑。

曾經帶著孩子們覽書閱讀，窺見他們自信流露，愉悅停駐，原來，找到自己的天賦，相信自己是天才，學習就不再是苦差事。孩子們若讀懂〈再別康橋〉寫的不只是離別愁緒，反能從錯過幸福之後，照見寧靜的心靈，闔上詩卷之際，就能找回一派瀟灑的詩心。〈長干行〉表面寫的是夫妻之愛與商賈現實，面對無常世界，天若有情天亦老，情愛流轉，我們依然會相信愛情的存在。

〈天才夢〉讓我們明白：學習不是分數的競逐，若是真心渴望知識流淌心田的醍醐灌頂的清明智慧，你就不在乎排名的標籤，如何定義我們？也曾在TED講堂，為他們分享一堂訓練自己思考、表達、提問的表達課，用一個議題連結世界，找到人際溝通的鑰匙，成為善於「與人合作、願意溝通」的新世代年輕人，同時，願意守護為利他價值，即便被討厭也能看見自己的勇氣壯大起來，一如阿德勒說的：「從被討厭中，堅持自己的價值，找到為自己活著的自由。」

回望疫病最初襲來的日子，遠距教學讓課程突破學習無牆的時空困境，我們雖然面對螢幕「孤獨」地授課，卻意外尋到線上課程迥異於過往的教學風格，完成專屬的線上課程地圖儼然成形，居家辦公、教學的孤獨，因師生齊心克服努力協調，意外地帶來正向的幸福，留言區不只記錄每次線上課程討論的餘韻，也框住疫情歲月漫步雲端的師生學習力。

祈願在疫情穩定之後，我們都能享受歲月靜好、現世安穩的簡單生活：春日巧囀的鳥鳴引領我們靜聽詩人的繆思；夏夜悠長的蟬唱邀請我們探訪稻香的芳馨；秋季唧唧的蟲嘶追隨我們諦聽青楓的浪漫；冬天悄綻的醒梅陪伴我們眄睞天地的豐美。

身為教師的我們是否曾這樣癡心地想著，在線上教學時自己與學生的關係是：

如果你是三月豔桃，我願是和煦春風，等待你迤邐時序的美麗；如果你是六月靜荷，我願是滂沱夏雨，陪伴你搖曳流光的燦爛；如果你是九月澹菊，我願是朦朧秋月，映照你綻放芳馨的浪漫；如果你是臘月孤梅，我願是淒冷冬雪，點綴你傲視群花的清芳。一如肆一《無法成為你期待的樣子，我不抱歉》提及的：「永遠都要記得，在你覺得沒有選擇的時候，可以選擇自己。」

無論遇到何種困難與險境，我們都希望孩子不要忘記：曾經靜默陪伴的溫柔，曾經堅定相信的眸光，只願孩子愛其所擇，卸下縛身的羈絆，生活的風雅自然縈繞於心，擁有更好的生活。

我們挺然地站在講台上，持續為孩子傳遞知識純粹的滋味，隨著季節遞嬗的時序，每個孩子都有屬於自己的姿態，散發自信的風采。一如何權峰《格局，決定你的結局》提及：人不是拿來做比較的，自我的價值是來自於自己，而不是別人的批評。

你可以是與萬化冥合、心凝形釋的現代柳宗元；你也可以是莫聽穿林打葉聲，何妨吟嘯且徐行的現代蘇軾；你亦可以生如春花之靜美、如夏花之燦美的東方泰戈爾；你亦可以是在愛中泅泳、在情中浮沉的浪漫詩人拜倫，你更可以是發明渾天儀、候風地動儀的斜槓科學家張横，或許你誰也不是，你就是你自己，是世界獨一無二的「我」。

當汩汩活水流入學習的園圃中，師者就是種桃李、舞春風的園丁，每位如燦花的學生依序開放，展現獨一無二的嬌美花影，認真記錄園丁與花朵對話的故事，日復一日、年復一年，呈現課室滿庭花開園自麗的繽紛美好，守著陽光守著學生。

一如佛洛姆《愛的藝術》提到的概念：成熟的愛是擁有自身的完整性與獨特性，而且願意全然地給予。因而，能夠蘸滿愛的墨色，記錄著學生以青春自由的靈魂，踩踏課室的驚喜跫音；書寫著學生以勤奮不懈的熱情，邂逅自然天籟的感知，懂得愛人與被愛，即使因疫情而面對螢幕授課的渺小師者，仍會輕聲地說：疫情是遠距教學「說愛談情」的學習助攻者……

推薦書單

- 《為什麼孩子要上學》，大江健三郎，時報出版。
- 《社會在走，歷史要懂》，呂捷，圓神。
- 《人慈》，羅格．布雷格曼，時報出版。
- 《故宮裡的色彩美學與配色事典》，郭浩、李健明，悅知文化。

- 《追尋寧靜》，喬治・普羅契尼克，漫遊者文化。
- 《月亮是夜晚唯一的光芒》，不朽，悅知文化。
- 《無法成為你期待的樣子，我不抱歉》，肆一，三采。
- 《格局，決定你的結局》，何權峰，高寶。
- 《愛的藝術》，埃里希・佛洛姆，木馬文化。

06

生活美學力：從書桌到餐桌，變身十項全能達人

即將到來的一次長假，為奔波忙亂的生活按下暫停鍵，讓你終於有喘氣暫歇的時刻，擁有安心自處的時光，以及與親友相聚歡騰愉悅的時間。如何讓自己坐擁書山，讓它們陪伴你走過快樂、悲傷的時光？你是否也有閱讀過某些猶如絢麗春花的段落而悄然駐足的經驗？你是否有閱讀到某些猶如一地枯萎秋葉的片段而黯然感傷的情緒？無論是小品文或是詩集，從文學跨域到科學，你都能找到此生的命定之書，可以閒適地和它契闊談讌地對談——關於故鄉的土地很黏，台灣人情很甜，還有爬梳思辨的理性邏輯，閱讀如智慧之風吹拂，此刻，你與一位無聲的生活美學摯友「遇見」了。

◆給喜歡創作的你

渾身文青況味的你，生命與生命的邂逅，不是過目即忘的萍水相逢而已，曾被你寫在日記裡的相思悸動，曾經被放在心底呵護的情誼，是否也在一本書中找到似曾相識的靈犀？讓我浪漫地引渡三位作家陪你度過寫作湛藍的長假。

《終於，還是愛了》讓我窺見不一樣的陳文茜——闔上這本書，理解她的痴情，可以讓一個人藏在心中住著三十年，念念不忘的情深很動人；用三十年深愛過的人，在時光的淘洗下，你以為不忘的事情漸漸淡忘，無力抵抗的遺忘，是深沉的憂傷。最後，我在這段文字中淚流滿面，愛的失落不是無奈，而是你更明白珍惜愛的可貴：在逐漸死亡的儀式中，「終於，我，還是愛了」。如果，你正經歷愛與不愛，左右為難又內心煎熬的朋友，你不再悲嘆害怕錯過，而是放下不屬於你的感情。

從《我輩中人》到《以我之名》，曼娟老師的文字，有溫柔救贖與喚醒覺知的魔力。多年來，身為曼娟的忠實粉絲，依然仰望當年《海水正藍》綻放的文學之光，不自覺地愛上中年之後，活出一派優雅的曼娟，如此真誠、如此穩妥地以文字慰藉我的倉皇，一如往常，溫潤地滋養心田，讓我們能活出自己喜歡的姿態，因為人生永遠都是自己在度過、自己在承受。

曾被現實而擊碎的心，能在文字中再次圓滿起來，可視為成長的「微感儀式」，踱步渡口，曼娟老師的文字讓我不再游移，她再次為我人生提燈，讓我真正明白「君子固窮，小人窮斯濫矣」的奧義，面對現實的考驗，捍衛自己的價值，得要遍體鱗傷，卻仍得要咬牙苦熬，但，我們沒有背棄自己的內心，沒有放棄召喚生命鼓音，堅持要活出漂亮風采的期許。

《所有溫柔都是你的隱喻》喜歡不朽的文字是因為看似清淡的文詞，薰染而泛起的生命漣漪卻是強大的力量：我們來日方長，我們未來可期。面對失去，不用再陷入無窮盡的悲傷漩渦裡，不朽說：來日方長。是呀，當我們溫柔面對成功與失敗，一如遇到驟雨的日子，也是獨一無二的天候，不如意的時光，繞遠路的癡傻，也是為了確定自己真正的方向與目標。不朽把布滿大小瘢瘡的傷口，以溫柔的文字照料，慢慢地讓它結痂、無傷。晴風與你組成一個溫柔的隱喻，人生不是一無所有，只要你的心夠溫柔。

◆給喜歡思考的你

以前害怕數理學科可能是因為看不懂抽象的符號運算的邏輯，如果現在的學習是把學到的知識，應用在生活之中，你會不會覺得數學就變簡單了，科學就變親近了呢？讓我介紹三位理科作家陪你度過多元思辨的假期。

你感覺到學校的數學很難嗎？如果可以重新思考數學的不同樣貌，你會願意嘗試嗎？《真希望國中數學這樣教》是一本不擅長數學的人都會喜歡的書籍，西成活裕的心願是讓地球上的每一個人都能愛上數學，不要害怕它、逃離它，秉持這樣信念與熱情，他認為數學是解決生活的問題，例如：塞車其實可以靠數學去化解。他認為數學不是獨思，可以透過對話而去觸發思考，先從興趣、樂趣下手，再談邏輯力、思考力。這麼酷的數學老師，是否準備好要當他的學生了？

《味覺獵人》作者芭柏．史塔基是從科學與味覺的專業來說，不只是一本打開舌頭味蕾的有趣之書，也同步啟動感官與內在靈魂撞擊的滿足。這一次，你不再只是隨便吃一頓飯而已，你對食物的理解應該要在客觀科學的知識點上。品嘗牛排不只是舌尖上的美味而已，你可以進一步探索錯綜複雜的味覺小宇宙，甚至，從味覺到記憶，你想起一段塵封已久的往事，這是多美妙的生命串接？透過堅實的科學知識，找回體驗食物美味的主動權，原來，「好味道」是可以靠著刻意練習尋找到的生命樂趣！如果，你不懂得吃的科學，就別說你懂得吃的品味！

《故事臺灣史1～4》是教授胡川安團隊的最新力作，一如余秋雨說：「歷史是一堆灰燼，當我們把手伸入灰燼中，期待的是星星之火所帶來的餘溫。」當你雙腳踏在慣走的土地，雙手觸摸母土的溫度，關於台灣重大的事件與人物，關鍵地點與關鍵事物，我們真的都曾留心嗎？想要窺見台灣歷史全然的樣態，不能不從世界史的長河中來觀察它流淌而過的曲道，才會看見台灣史不一樣的定位與風景。

在作者的書寫中，歷史不是靜態的，它是和當代現實互動的有機體。我始終相信，歷史不只能從課本內的知識去理解，應該還可以跨界到課本外的史料去思辨與深究。胡川安教授與團隊用嶄新的史觀視角與學習方法，選擇重要的歷史事件、人物、地點、物象與現實生活連結，透過流暢的敘述，引領讀者有系統、有脈絡的讓我們發現：每個人物、事件、地點、物象的背後，深藏著重要的文化意涵，更值得我們去探究與思考，生活在台灣這塊土地上，沒有人該是局外人。

◆給喜歡藝文的你

別人眼中的尋常，創作的濾鏡讓它變成一部部生活藝術品，你或許會在現實與想像中擺渡，只要拿起手上的彩筆，你的孤獨有了色彩，你的糾結有了圖文的解套，開始清朗起來。介紹三位療癒作家陪你度過藝文絢麗的暑期。

《＃給你的一段話》阿飛的書讓人讀了溫暖又沉靜，他沒有設限體例，讓繆思帶著我們走過勵志金句、心情短文、生活小故事，真心想與讀者說一句話的初衷，為你低潮的人生打氣的同理，甚至更多的是「自己」才是自己的解藥，如果可以，利用這個難得的假期，好好照顧自己的內心，不要讓它失去強大的「自造」力，我們都可以幫助自己活成自己喜歡的模樣。

《我想躲起來一下》讓不完美的我們，可以透過自省、休息、創作，成為更好的人。插畫家LuckyLuLu，明明對世界有很多愛卻無法說出口，明明對人群有很多想互動的卻無法好好表態，那麼，如果你和作家一樣喜歡畫畫，就利用這個長假，把想說的、想表達的，畫下來，放上IG、臉書，就會引起許多同溫層的共鳴，不只能撫慰正在受傷的同伴，也能讓躲在自己小宇宙的朋友，與惡意說再見，躲起來偶爾也是愛自己的方式，把作者在書中傳遞的快樂，傳遞給正傷心的你，很快地你在簡單的閱讀世界中就開朗起來，不用再躲著大家，可以亮麗變身。

《把快樂分享給傷心的你》現實生活是驗光師，卻超愛畫畫的捲捲，這次要我們記住：當世界正在下大雨的時候，願意主動替你撐傘的貴人，你絕對是不能忘記的。撐傘的定義有時候是聽你說話，有時候是讓你在長大的過程變得更成熟，有時候他是你的生命支持，為了對方你願意改變、挑戰，甚至願意在艱難的時刻，相信友情、愛情，純然的簡單與澄澈。當你感覺正要下墜的時候，有人奮不顧身地接住了你，讓你看見雨後的彩虹、瞧見滑過的流星，向貴人致謝的方式就是告訴他：我們的下一步會堅定無懼。

有時間，可以和家人一起聊聊《富爸爸，窮爸爸》的觀念，原來，理財教育從小做起，我們對未來的生涯規畫會更具體有目標，有時間，可以和媽媽一起聊聊《媽媽的每一天》，一個生命的養育歷程，充滿許多不為人知的酸甜苦辣，你可以更懂父母的溫柔心情。《與情緒相伴的新生活提案》，原來情緒是需要和解的，你要尊重自己的感受，也要同理他人的心情，讓生活不再瀰漫忙累的陰霾，重新找回情緒的主導權。

《Amy の私人廚房，下班後快速料理》讓你有機會角色互換，讓爸媽在下班回家，可以看見你從閱讀食譜，到以愛佐食的實作成果，滿桌為愛人煮食的體貼，由你來操刀的主廚晚餐，更足以證明你在成長的歷程。

親愛的你，從書桌到餐桌，把文字化成生活美學力，你不只可以成為家人倚賴的支柱，也能從閱讀中找到變身十項全能達人且內外皆美的人生。

推薦書單

- 《終於，還是愛了》，陳文茜，有鹿文化。
- 《以我之名：寫給獨一無二的自己》，張曼娟，天下文化。
- 《所有溫柔都是你的隱喻》，不朽，皇冠。

- 《真希望國中數學這樣教：暢銷20萬冊！6天搞懂3年數學關鍵原理，跟著東大教授學，解題力大提升！》，西成活裕，美藝學苑社。
- 《味覺獵人：舌尖上的科學與美食癡迷症指南》，：芭柏．史塔基，漫遊者文化。
- 《故事臺灣史1—4套書》，故事：寫給所有人的歷史團隊，親子天下。
- 《#給你的一段話》，阿飛，悅知文化。
- 《我想躲起來一下》，LuckyLuLu，時報出版。
- 《把快樂分享給傷心的你》，捲捲，平裝本。
- 《富爸爸，窮爸爸》，羅勃特．T．清崎，高寶。
- 《媽媽的每一天：高木直子陪你一起慢慢長大》，高木直子，大田。
- 《與情緒相伴的新生活提案：11個練習，讓你在憂鬱、焦慮、憤怒、孤單時拿回主動權》，劉惠敏、周子勛、葉北辰、眼球先生，如何。
- 《Amy の私人廚房，下班後快速料理：讓人口水直流、抓住全家人味蕾的100道家常菜》，Amy（張美君），幸福文化。

07 人生微整力：瘋閱讀，書「卡」準備好，要刷了嗎？

「我們很難經歷別人的人生，但是透過書本，我們可以。」身為無閱不歡的讀者，買書、推書對我來說是家常便飯的事。面對百貨周年慶的購物瘋潮，對於我的吸引力不大，倒是書店折扣戰的時機，總會讓我手滑、失心瘋起來，不只搶便宜、囤書趣，基於投資自己，列出實用、有趣、創意的書單，嘉惠自己和他人，更是生活樂不可支的妙事。

這些私房書都是自己看完還想再看，極力想推薦給青少年的好書，不只CP值超高，更是你可大膽嘗鮮、跨域的首選。不想荷包大失血，又想來體會周年慶超值組合書籍的概念，怡慧老師就帶著大家一起來瘋閱讀，書「卡」準備好，要刷好、刷滿了嗎？

◆壓力卸妝乳——找回好氣色、好心情

現代人十個有九個都喊壓力大，林林總總的壓力來源，錢不夠多、同事不好相處、想換房又無力、吃不健康、睡得不好……馬丁．佩奇說：「若要幸福，就別害怕承認兩件事實：一是我們總是感到不幸，二是我們的悲傷、痛苦、害怕都有其存在的理由，這些情感是不能被拆開來單獨看待的。」真實說出自己有壓力，覺察壓力來源，找到紓壓管道，才能回到正面思維。《蔡康永的情商課》第一本與第二本，其實就是要我們明白：自己的人生需要什麼，拿捏好人際關係的距離。明白自己要的，同時找到「剛剛好」的人生界線，你的壓力量表自然回到正常值。蔡璧名教授從《醫道》到《學會用情》，而《當老莊遇見黃帝內經》的第一本與第二本書，使你從道家與醫家的兩種視角，為自己的情緒把

關，不慍不火，面對欲念有所自持，用情深摯卻不癡迷。這類書籍組合稱為壓力卸妝乳——讓你找回好心情、好人緣、好氣色，閱讀讓你減壓、紓壓，卸了妝還是讓你「精氣神」都自然飽滿，持續容光煥發的呀！

◆文學化妝水——尋回文青魂、暖心流

華麗的影像世代，文學素樸地療癒生活失落的一角。文學看起來虛構大於真實，卻那麼剛好地傳遞一股溫暖，從日常的吉光片羽，娓娓道出的，是淚流滿面的靈犀，是你懂我的悸動，是文學帶你去拓展過去、現在、未來。文學串接的生命密碼如拂過臉龐的化妝水，補足因喧譁而逝去的生命活水。小川糸的飲食文學從日常柴米油鹽醬醋茶開始圈粉，細語呢喃「米糠甕」蘊藏的暖心事到瀰漫手寫溫度的《山茶花文具店》、《閃亮亮共和國》，你打開觀察的視角，對於生活的想像感知從代筆人的濾鏡，平靜的生活也有了獨特魅力。至於，東

野圭吾無論校園題材、推理系列，呈現百變小說家的創作活力，他不侷限自己，從推理出走，溫情回歸的《解憂雜貨店》，擺渡在理性與感性之間，用寫作與人溝通的初心就在那裡。化妝水是保養的第一道程序，有人認為它的存在可有可無，但，每個人洗完臉的第一步就是擦化妝水。一如文學，親近它，走向它。生活不只繽紛多彩，也對人情溝通有了跨越的第一步。

◆ 學習輕乳液——激發好奇心、探索力

自主學習時代，能夠告訴學生找到讀書方法的書籍不多，當知識的學習不再強調填鴨，學生如何把知識「用出來」。大腦如何幫助我們學習？即使道理都懂，但是要落實，我們真的都能理解嗎？學習法的書籍就像知識的保溼鎖水劑，一如胡適說的：「做學問要在不疑處有疑，待人時要在有疑處不疑。」知識的求真，來自於好奇心，芭芭拉．歐克莉《大腦喜歡這樣學》、《學習如何學習》，

從學習的策略到學習的技巧，清楚羅列舉證，讓自己跟著學步驟實踐也很簡單。至於，冷知識特派員《怪奇事物所》分享的神祕、有趣、不為人知的知識，讓我們驚嘆——鱷魚在水裡其實是用兩隻腳走路的，恐龍其實有頭皮屑……原來，我們不知道的知識，讓世界變得這麼有趣！這本書有新世代跨域合作的亮點，三人各司其職，畫家把知識用中古世紀暗黑萌系風格凸顯知識核心特色，讓學習更視覺化、具體化，冷知識不再冰冷得被塵封起來，圖文並茂的扉頁延續學習的熱情與魅力。古羅馬時代用「玫瑰花水、橄欖油、蜂蠟」三種天然原料調配而成乳液，承載油與水的美好，讓每一個成分被肌膚所用。就像學習輕乳液打開我們的好奇、觀察、想像之心，讓每個人都樂於學習、走向學習之途。

◆心靈精華液——濃縮正能量、快樂情

精華液可以說是保養的不敗聖品，小小一瓶就能夠改善肌膚所有問題。心

靈精華液也具備這樣的功能，它能讓一個人反敗為勝，遇到人生亂流也能滑向渠道，只要一句話、一個轉念，就能讓自己變得不一樣。這類書籍善用讓我的孤獨來安慰你的孤獨，親愛的，你不是一個人面對……有時候，明明過了還可以，怎麼會沒來由地悲傷起來？人生暫停一下、空白一些，都是前進的機會。它讓你知道，親愛的，你已經很努力了，我想給你一個大擁抱。在夜深人靜時，你會被這些洋蔥文感動到以淚水滌盡自己的傷痛，注入高濃度、正能量心靈精華液，然後，謝謝生命中的討厭鬼們。例如，阿德勒《被討厭的勇氣》系列、慕顏歌《你的善良必須有點鋒芒》系列、李崇建《薩提爾的對話練習》、許皓宜、周慕姿情緒系列、羅伯特·貝茨、肆一、楊定一、還有名人勵志系列（歐普拉、劉墉、劉軒），他們都告訴讀者——世界不會因你而改變，但是你可以改變自己的心，心靈精華液溫柔地撫慰你的孤單、悲傷，你的轉念，讓你贏得更好的生活。

◆實用水面膜——立即行動力、跨越創造力

「一敷就能晶瑩剔透！」面膜真的那麼神，只要一片就能美麗加倍？面膜功效不同，效果也不同，通常是依據個人需要、產生立即效果。敷面膜有時機，也不是天天能敷，要選擇需要的時候，功效才會立顯。實用水面膜系列書籍，我會以許榮哲、歐陽立中的故事系列為主，我們不可能天天說故事，但是專業加上故事，你的產品就吸睛起來了。《跟TED學表達》、《超譯卡內基》、《99％的人輸在不會表達》，讓你輕鬆做中學，找到人際溝通的祕訣。親子教養系列陳志恆、李儀婷、彭菊仙，以及番紅花的作品，都是一用見效的良劑，讓你破除迷思、成為親子溝通的達人。

另外，暢銷排行榜的書籍，常常讓你洞悉時代趨勢，讀者閱讀品味，可以針對百大榜找到適讀的新書，讓自己補充知能，找到現代流行話題，例如，理財、家事、旅遊、星座、娛樂、時尚……拿起你的放大鏡，看看你的實用水面膜含

有哪些自己需要的成分，還有能帶來的功效，保證讓你一敷見效，亮麗現身。

怡慧老師瘋閱讀周年慶懶人包書單，保證讓你的人生立刻「買千送百」，把閱讀微整力的技巧學起來，這樣買法不只最聰明，也最省時。書卡拿出來，投資自己不手軟，「刷」下去，就能為人生搶先贏，「閱讀」會是送你成功人生的神助攻，也會是你人生複利成長的大彩蛋！「瘋閱讀」看來是門穩賺不賠的生意，你還在等什麼？

推薦書單

- 《蔡康永的情商課：為你自己活一次》、《蔡康永的情商2：因為這是你的人生》，蔡康永，如何。
- 《當老莊遇見黃帝內經》1與2，蔡璧名，平安文化。
- 《山茶花文具店》、《閃亮亮共和國》，小川糸，圓神。

- 《大腦喜歡這樣學》、《學習如何學習》，芭芭拉·歐克莉，木馬文化。
- 《怪奇事物所》，怪奇事物所所長，時報。
- 《被討厭的勇氣》、《被討厭的勇氣二部曲完結篇》，岸見一郎、古賀史健，究竟。
- 《你的善良必須有點鋒芒》，慕顏歌，采實文化。
- 《薩提爾的對話練習》，李崇建，親子天下。
- 《情緒勒索：那些在伴侶、親子、職場間，最讓人窒息的相處》，周慕姿，寶瓶文化。
- 《情緒寄生：與自我和解的34則情感教育》，許皓宜，遠流。
- 《謝謝生命中的討厭鬼：學會心靈轉化法，讓笨蛋天使幫你重拾平靜與快樂！》，羅伯特·貝茨，大好書屋。
- 《你好，這裡是記憶花店》，肆一，三采。
- 《必要的創傷》，楊定一，天下文化。
- 《生命不斷對你訴說的是……：歐普拉覺醒的勇氣》，歐普拉·溫弗蕾，天下文化。
- 《人生是小小又大大的一條河：劉墉那些吃苦也像享樂的心靈故事》，劉墉，聯合文學。
- 《故事課1：3分鐘說18萬個故事，打造影響力》，許榮哲，遠流。

- 《演說高手都是這樣練的：歐陽立中的40堂魅力演說課》，歐陽立中，平安文化。
- 《跟TED學表達，讓世界記住你：用更有說服力的方式行銷你和你的構想》，卡曼．蓋洛，先覺。
- 《超譯卡內基：溝通與人際關係的181則箴言》，戴爾．卡內基，遠流。
- 《99％的人輸在不會表達：話說對了，事就成了。公司裡該怎麼說話？麻煩就沒了。》，李勁，大是文化。
- 《脫癮而出不迷網：寫給網路原生世代父母的教養書》，陳志恆，圓神。
- 《薩提爾的故事溝通：陪孩子練習愛，在愛中學習成長》，李儀婷，遠流。
- 《家有青少年之爸媽的33個修練：你那愈來愈陌生的孩子，該怎麼溝通？》，彭菊仙，天下文化。

08 簡約生活力：紙上食衣住行育樂，力抗逆境度過防疫期

疫情初始，隨著確診人數的攀升，心情恍若坐著雲霄飛車，不斷地起起伏伏。面臨工作場域與生活作息的改變，許多人開始瀰漫在「疫情焦慮」中。做好居家防疫，內在心靈如何安頓？疫情帶來的負能量，如何排解？同時，如何藉由閱讀的方式，累積正念力量，提升生活品質，增強身心免疫力。

若從食衣住行育樂各方面來盤點，這份「防疫讀書吧！」的書單，可以讓大家吃得飽飫，穿得美麗，住得舒適，雖然無法出門行旅，也能進行另類居家正念小旅行，透過想像力、觀察力增添居家的情趣、生活的樂趣。面對疫情時代，會擔心、會焦慮是必然的情緒，只要適度做好防疫工作：戴口罩、勤洗手、

少出門，注意身體狀況、提高警覺，還是能安然挺過疫情，讓生活恢復正常步調。最重要，趁著這段居家時光，可以完成平常因忙碌而無法立即行動的事情，同時也多從事與興趣嗜好相關的居家娛樂，內心也能充滿喜悅。若能養成居家的家事勞動，定時的室內運動，保持身體的動能，開啟保健康模式，即便在家也能擁有強健的身心，面對疫情的日日驟變。

同時，列出家中所需的物品，透過線上採買，減少外出購物，也能減少群聚感染的危險。最重要的是，趁機學習正念面對、減法人生，回歸宅在家簡居生活，透過閱讀進行正向心境的練習，輔以家人間相互關懷、聊天打氣，都能讓這段暗黑的疫病時期，透進暖暖的微光。

◆ 宅在家——吃出健康

宅在家，你可以當小農，享受自給自足的陶淵明式的耕讀生活，也可以捲起袖子開始洗手作羹湯，為家人煮食。料理，可以是食材的減法，料理者愛的加法，從吃開始盤點，優雅地送給自己好好吃飯的時光，吃一頓由無到有的手做料理，犒賞疲累的自己，一如王培仁說的：「用心做是一定要的，那就不會只是單純的簡易，而是呈現心裡的味道。」為愛煮食讓家人感受到溫暖與支持，疫情時代讓我們來點家人慢食閒聊的時光吧！

◆宅在家——穿出自信

趁這段時間，整理自己的衣櫥，運用「○△×」的簡單分類法，將標註「○」需要的衣服掛上衣櫃，將標註「×」的衣服進行送人或是回收再利用，將標註「△」列為再評價，仔細判斷是否要留下或是捨棄。分類過的衣櫥，不只能幫助自己打造獨特的穿衣風格，也能為自己梳整一個舒適的穿衣空間。趁早「清理」衣櫥，讓我們對穿衣的需要回到自然的原點，從穿衣的自由自律，到穿出窈窕，從盤點衣服到趁機鍛鍊身形，疫情過後，你不只穿得漂亮，也穿出自信！

◆宅在家——住出自在

日本生活達人金子由紀子說：「通過不擁有，來磨練自己的簡單的生活。」真正的富裕不是擁有得多，而是懂得生活自在與知足。趁著宅在家，透過家中物品的整理，學會想要留著的東西，是大家都需要的。可以放下的、割捨的、斷絕的，都可以學著清空。

透過空間的整理，你可以享受完成家事的樂趣，你可以思考空間與家人的關係，甚至，理想的空間應該會是怎樣的風格與規畫，都會培養自己不浪費的居住奢華。家中的物品盤點，可以「容易打掃、容易尋找」為目標，讓宅在家有品質、有品味，舒適又自由地找到不出門的愛之避風港。

◆宅在家——活出快樂與人際關係

人間有情，令人眷戀不捨，唯有心是生命富足的領航者，也是特別要關照的對象。當我們傾聽心靈的跫音，從外在東西的減量開始，人生開始有了優先排序。

宅在家，你少掉通勤時間，擁有更多時間管理的自由，你想要為自己打造怎樣的人生？趁這段時間，完成自己的居家工作表，從擬定執行到檢核反思，一步步了解自己對時間的思考，以及多出來的非工作時間，你想要用時間來犒賞自己什麼？宅在家，依然可以找到生活的情味與樂趣。你可以好好看個家庭電影，你可以為疫情過後，事先安排一個幸福小旅行。甚至，你也可以趁這個機會，開始動筆為身邊的人書寫信息、傳遞關懷，為彼此的關係加溫升級。

◆溫柔的生命祝福

疫情或許會帶給我們焦慮的痛苦，卻也能帶給我們一次生活極簡實踐的機會，如實地做好日常的工作，學習面對變動的無常功課，期待下一個歲月靜好、現世安穩的時代到來。在浮華紅塵裡，看見生命不同階段的挑戰與試煉，讓我們停駐在某個安靜的流光，安心閱讀，穿梭在滿溢智慧的時空，照見生活的不同姿態，與有情寰宇對話，置身於有愛四方，領會疫情時代無聲卻深情教會我們的事……

推薦書單

好好吃的書單

- 《再來一碗：高木直子全家吃飽飽萬歲！》，高木直子，大田。

・《預約。幸福溫度：小小孩的12堂生活廚房課》，曾雅盈，商周出版。

・《培仁家：簡單的生活，自然的食材，自由的料理》，王培仁，維摩舍文教。

・《季節日本漬112：順應時令、友善身體，從淺漬、經典到食療，可品嚐四季的手作漬物。》，山田奈美，邦聯文化。

・《懶惰鬼的幸福早餐：日本食譜書大獎獲獎料理家教你260個早餐創意，5分鐘就能做出美味、營養又健康的元氣早餐！》，小田真規子、大野正人，幸福文化。

・《飲食宅記：獻給親愛家人、摯友，與療癒自己的溫柔食光》，Léa 楊佳齡，幸福文化。

好好穿的書單

・《30歲起輕鬆練！穿衣好看免修圖塑體操》，森拓郎，如何。

・《穿衣顯瘦：一分鐘從飄大嬸味變身時尚佳人》，窪田千紘，大田。

・《品味，並非「與生俱來」時尚養成穿衣法則》，青木貴子，朵琳出版。

・《頂尖造型師都在用の「軸色」穿搭術》，谷口美佳，瑞麗美人。

・《理想的簡單生活》，多明妮克．洛羅，如果。

・《衣櫥醫生，帶你走入對的人生》，賴庭荷，究竟。

好好住的書單

- 《宅在家，多自在：從今天起，過簡單的自在生活》，金子由紀子，時報出版。
- 《大師如何設計 光與風的森林系住宅：跟綠色植物一起生活，在家也能吸收芬多精！》，株式会社エクスナレッジ，瑞昇。
- 《自宅職人：20種完美平衡工作與理想的生活提案》，寫寫字工作室，木馬文化。
- 《沒有垃圾的公寓生活》，尚潔、楊翰選，一心文化。
- 《不丟東西的整理術：放不掉的記憶與情感，再也無須斷捨離！》，米田瑪麗娜，方言文化。
- 《日日小掃除，舒壓整理術》，林可凡，采實文化。

好好育樂的書單

- 《宅自醫，在家練好免疫力：排四毒、排四缺，一生無病！》，黃鼎殷、郭涵甄，新自然主義。
- 《懶人瑜伽：16式超有感「輕懶慢」宅瑜伽，拯救你的自律神經失調》，崎田美菜，漫遊者文化。

- 《好好生活，慢慢相遇：30歲，想把溫柔留給自己》，黃山料，三采。
- 《生活中，選擇留下合適舒服的人》，謝雪文（雪兒CHER），時報出版。
- 《堅強是你說了一輩子的謊》，艾莉，悅知文化。
- 《新·斷捨離》，山下英子，平安文化。

輯二

跨領域閱讀

透過閱讀韓劇《魷魚遊戲》、日本動漫《鬼滅之刃》、四季尋詩趣，甚至向強者請益、向運動選手學習，閱讀不只是讀書，也是讀自然、讀人情、讀世界的多元觸角。

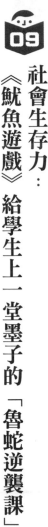

09 社會生存力：《魷魚遊戲》給學生上一堂墨子的「魯蛇逆襲課」

《魷魚遊戲》（Squid Game）播出後沒幾天就攻下Netflix全球收視冠軍的寶座。這齣戲，它談的是人性善與惡的拉扯。導演透過韓國童年時期熟稔的魷魚遊戲，試圖和觀眾談階級、移工、性別、勞資等議題。它表面看似給予社會底層階級一次重新扭轉人生的「公平」機會，殊不知其中卻暗藏玄機。儘管，它給予玩家可以中止遊戲的選擇，但中止之後，再次重返現實生活，玩家的日子卻不一定會比較好過。

因為遊戲背後主宰生殺大權的，終究掌握在上位者的手上。遊戲規則的制定者，不是大多數的參賽者，而是少數高高在上的權力者。男主有其可憐卻也有可議之處。在工作職場載浮載沉，得不到幸運之神的眷顧，自己卻不思振作，逕自使其成為社會邊緣人、甚至是魯蛇。妻子無奈下與之離婚，沒想到，自己卻在女兒生日當天，輸光手頭僅有的籌碼，甚至，家中還有個嚴重糖尿病的母親要照料。

命運的重拳擊來，人生沒有悲催，只有更悲催。當一個人連基本生理需求都無法滿足，如何再談安全感？我們又要怎麼去要求他對所處的環境或身邊的人產生隸屬與愛？我在《魷魚遊戲》看見的是：男主被呼巴掌，韓美女靦顏求生，甚至犧牲尊嚴倒戈。如此寫實的情節，不禁讓我思考：一個人若連自尊都不要時，他們深陷困局既絕望無助，這是多麼荒謬的矛盾心情？

四百五十六位來到這個遊戲的他們，每個人都有自己難言的血淚故事，又存有為活下去而奮力一搏的念頭，因此大家都有不得不參與的理由。

「一二三木頭人」看似童趣，但你的生死竟在一動一靜之間就無情地被決定了，像極我們在職場裡的兩難處境，你要乖乖聽話，還是要勇敢做自己？跋涉在理想和現實之間，從陶淵明到蘇軾，從關漢卿到蒲松齡，哪一位文豪不是在科考仕途路上，猶豫著要繼續玩下去，還是要選擇不玩了而棄權？

或許，人生也像「椪糖」的關卡，當你仕途飛黃騰達時，抑或是官宦浮浮沉沉時，通常，成功取決的不只是能力，還可能是運氣。諸葛亮選擇劉備，而非曹操；那是因為他看到自己在劉營，可能擁有大展長才叱吒風雲的機會；李白在夜郎兵敗，讓宗氏傾盡一切救其脫困，詩仙在詩壇曾不可一世，最後落得夜郎自大的罵名，這些生命的版本選擇是否也意味著人生不過是一場遊戲一場夢？你選擇了方向，無論好走、難走，最終，負責成敗的仍舊還是「自己」。

至於，第三關「拔河」，則是讓我想到入什麼圈，找什麼同溫層，最後你就變成怎樣的人？這是一次身分認同之戰，你要選擇怎樣的隊友，我們要一起向上提升，還是一同向下沉淪？此刻是神隊友的他，最後會不會變成讓你們功虧一簣的豬隊友？此時看起來一直放冷箭的敵手，最後會不會是拉你一把，救你脫離死劫的貴人，就像王安石和蘇東坡最後的「世紀大和解」，兩人一笑泯恩仇，成為友達間的絕唱。每個人在合作之前，當然會評估團隊的總戰力，但不是每次你都會選對戰友。或許，職場不像劇中的拔河戰，選錯隊友就會一命嗚呼，但也考驗我們與人共事、與之合作的高ＥＱ。

整齣劇，最讓我感到痛苦的一幕是：第四關「打彈珠」，這真的是顛覆想像，讓人意料之外的情節製造懸疑的大轉折，前一關和你打天下的戰友，這次反成挑戰兔死狗烹人性之惡的悲慘對決。荀子的人性之惡，讓你發了冷顫，不知該何去何從，不禁反問：孟子的人性之善何在？我們的惻隱之心？羞惡之心？辭讓之心？是非之心？人之所以為人的共好與善意價值，瞬間崩盤，對照斑斑史冊那些只可以共苦，卻無法同甘的歷史人物，你倒也明白：人性魔王大關卡會出現在重大人生抉擇處，出現來考驗你對善與惡的信念是否堅定？

第五關是跳玻璃橋，這關考驗著你必須記住前人選擇的方向。無論他的腳步是對還是錯，你都要緊緊牢記，才能讓自己得以脫困。這是否意味著「以銅為鑑，可以正衣冠；以史為鑑，可以知興替；以人為鑑，可以明得失。」劇中幾位配角因選擇的錯誤，產生喪命的結局，看似無法挽回的悲劇，回到真實人生並非如此。人生處處有溫情，有時候，你選擇錯誤了，生活可以進行重設，即便繞遠路了，還是可以回到正途，甚至迷途不覺見花開。雖說戲如人生，但人生犯錯了，只需要從錯誤中修正自我，而非嚴守幾近完美的生命苛求。

最後一關就是呼應主題的「魷魚遊戲」，兒時玩伴李政宰與朴海秀無論輸贏，同樣面臨過恐懼、憤怒、謊言等複雜情緒，還有男主選擇友情想棄賽的一幕，都讓我明白：日常生活，傷害自己最多的，可能是最親、最愛的知己好友、枕邊人，一如自己常把生活所有的壓力，沒有保留地往親友身上傾倒，這種情緒「丟包」，以及會任性地「情緒勒索」都是習以為常的惡習，難道自己最珍視、最喜歡的友伴家人，反而因自己的陌視而受到彼此傷害的磨難。

COVID-19 襲來，《魷魚遊戲》透過韓國人兒時常玩的遊戲，把它設計成人性善惡抉擇的大戰，每個國家同樣會面對政治立場對立、社會階級、移民問題，在上位者布達政策之後，不只會讓人民生活陷入苦與樂的局面，也帶來是否公平正義思辨的內在探問。

看完《魷魚遊戲》之後，正在進行墨子〈公輸〉的講授，我想讓學生思考的是：墨子提倡非攻與兼愛，並不是要弱者坐以待斃，而是讓弱者自行培養能力，即便面對攻擊也有能力與條件反擊，也就是所謂的「魯蛇逆襲」。

墨子雖然明白人性的自私，但是，他不放棄人性之愛，墨子像亂世會出現的「英雄」，以救世主的姿態存在人間。戰國時代談富國強兵，很像《魷魚遊戲》談的遊戲生存術，墨子偏要強者放棄利益，甚至，他強勢組織底層人民，憑藉眾人的團結合作，試圖講求濟弱扶傾、兼愛天下的策略，讓不對等的階級翻轉。當你智力迸發，擁有護己的神力時，誰也不能再漠視你、欺壓你。

墨子不只摩頂放踵，還籌組復仇者聯盟，他也並不是好戰，而是反戰。〈公輸〉就是墨子為困在水深火熱的人民，伸出最溫暖雙手的篇章，他強勢搶救宋國人民力抗楚國君王和魯班，紙上談兵式的攻防，精采程度不輸給漫威電影的情節。

〈公輸〉的三個重點人物就是墨子、對戰對象古之巧人「公輸盤」、還有楚王。公輸就是成語「班門弄斧」的魯班。魯班這次要幫楚國製造一個攻擊神器「雲梯」，雲梯能讓楚國士兵快速攀越，成功越過城牆，秒擊對手。

墨子聽到消息，立刻馬不停蹄地從北方齊國火速趕往南方的楚國，據說墨子快馬加鞭、使命必「奔」，僅花了十天就抵達。靠著地表最強的論辯邏輯，以子之矛攻子之盾的說服技巧，輕鬆以舌粲蓮花的巧說，把魯班場場逼退。墨子的類比邏輯，火速讓魯班落入他的思路陷阱：

魯班我請你替我殺一個人，你卻用「義」拒絕我，說出：不願意的理由是「義固不殺人」的理由。

當楚王要你用雲梯去攻擊宋國時，同理可證：你應該要拒絕他。但事實是你竟然「答應」他。難道攻擊宋國之人，不算「義固不殺人」的價值嗎？這招請君入甕的神邏輯，讓魯班掉入前後思考矛盾的陷阱，此刻，魯班只能冷處理地說：你逼我沒用，要攻擊宋國的是大魔王「楚君」。

《魷魚遊戲》說的是上對下的恣意掠奪，難道權貴與弱勢階級，無法存有人我的悲憫之心，強弱不對等的失衡關係以及自相殘殺的戲碼，是否和〈公輸〉論及的情節十分雷同？

這次，墨子遇到的楚王，可說是打怪遊戲的「終極對手」，他是可以掌控生殺大權的上流階級。墨子如法炮製地用縝密的邏輯來讓楚王跳坑，落入他的思考陷阱，他用譬喻類比告訴楚王，你擁有的財富、土地、物產等都比孱弱的宋國強上百倍、千倍、萬倍，你還去欺負比你弱小的宋人，這算什麼英雄好漢？難道你有強奪弱者東西的怪癖，還是你的心態不正常？最後，再搬出「臣見大王之必傷義而不得」來搶下互相攻訐之後的話語權。

楚王雖然在口才上不如墨子了，但強勢的他卻不願棄賽，他怎麼可能把煮熟的鴨子拱手讓人？所謂的公平正義，是掌權者說了算，這次楚王又把魯班搬出來，就像《魷魚遊戲》中侵略者是不會輕易對任何人罷手，你總摸不透，接下來，掌權者會出什麼奇招？一如參賽者不懂下一關遊戲的規則會是什麼？

為了生命而闖關以及活下去的機會，大家也只能咬牙含淚，繼續和你玩下去了。

哇塞！這次墨子反客為主，不慌不忙地啟動強大的遊戲模擬機制，這也是〈公輸〉全篇最精采的地方。墨子像桌遊玩家配合楚王的遊戲規則，甚至他以退為進，逼魯班用小型雲梯進攻，趁機展示自己強大的「模擬」防守武力裝備。

這些讓魯班看到眼花撩亂的防城寶物，只要一進攻，就被墨子秒回擊，楚王原本自信滿滿的觀戰情緒，在一次又一次的模擬對戰中，漸漸被消弭了。

情節走到最後，魯班竟輸到耍無賴，這讓我想到「張德秀」在玻璃橋時，怎樣都不願往前，他不認輸的兇狠臉龐，以及沒有「願賭服輸」的氣度，總是用「誰拳頭大，誰就是贏家」來顛覆你對世界人情的三觀。墨子當然明白這點：目前的處境是「人方為刀俎，我為魚肉」，無論他多麼努力，楚王也可以一刀讓他斃命。他只能靠著冷靜的思緒，對應環境的詭譎變化。最後，墨子使出強勢回歸的招式：那就是「料敵機先」。

他知道楚王不會願賭服輸，同時，他應該已萌生殺人之心，他搶先丟出未爆彈：楚王「雖殺臣，不能絕也」。他勇敢嗆聲說：追隨我「兼愛、非攻」信念的墨粉，已有三百人動身前往宋國了。楚王即便殺了我，還是殺不了已等在宋國的弟兄們。（這算是黑幫烙人搶地盤的氣勢嗎？）

男主為了在這場遊戲中生存，關關難過，關關過地苟活下來了；墨子立基於高尚的道德和高超的技術，迫使楚王放棄攻宋的念頭，墨子的生存是「利他兼愛」的無私之心。人生的戰局至此，我思考的是：人活著要學著適應社會立下的生存規則，還是要捍衛自己固有的價值？而利人利己的價值，不斷被利益甚至是生存而左右拉扯時，我們的選擇標準會是什麼？當然，無論如何決定，你都要為留一盞善意的燈而堅守人生價值。畢竟人生的掌舵者是自己呀！我們都是為了大家的幸福而共生，也是如此，才願意承受磨難與不幸的考驗。我們都期待眾人能邁向更美好的未來而戰鬥著的呀！

推薦書單

- 《心態致勝》，卡蘿・杜維克，天下文化。
- 《從負債2000萬到心想事成每一天：15個實現願望的口頭禪，符合宇宙法則、越說越好運！》，小池浩，李茲文化。
- 《恰如其分的自尊》，克里斯托夫・安德烈、弗朗索瓦・勒洛爾，方舟文化。
- 《心靈的傷，身體會記住》，貝塞爾・范德寇，大家出版。
- 《喜歡的事開心做，不喜歡的事耐心做》，王學呈，商周出版。
- 《正義：一場思辨之旅》，邁可・桑德爾，雅言文化。
- 《反智：不願說理的人是偏執，不會說理的人是愚蠢，不敢說理的人是奴隸》，古倫姆斯，天下文化。
- 《錢買不到的東西：金錢與正義的攻防》，邁可・桑德爾，先覺。
- 《思考的藝術：52個非受迫性思考錯誤》，魯爾夫・杜伯里，商周出版。

10

跨域閱讀力：從《鬼滅之刃》等動漫，進行跨世代共讀

世間最美麗的溝通是書籍與讀者的對話，在你不知何去何從的時候，作者自然地牽起你的手，如此溫柔又溫暖，以無償的、無私的姿態，以文字慰安你，以文字餵養你，讓我們的心智變得堅強有力。

看似柔弱無聲的文字，最終成為生命堅強的後盾，領我們去體驗未知的世界，它會對你娓娓吐露最真誠的祕密，一如疼惜你的戀人。作家們魚貫而入地走進你的世界，給你幸福，給你智慧，他們不是要你去認同，而是要你感受，去實踐，去行動，去把握在手上的人生彩蛋，變成幸福人生。

青少年閱讀的推廣，常常遇到的問題是：世代對閱讀的想像不一樣。我輩

善用臉書，年輕世代使用ＩＧ，我們多以文字書寫心情，年輕世代多以圖像表達創意，但是，我們同樣在知識系譜中尋找智慧之光。

疫情時代，如何透過師生抑或是家人之間的共讀，讓平淡的日常，憑藉「以書為名」的熱情去點燃它？

目前十三至十八歲的青少年被稱為數位原住民的世代，他們擅長視覺化閱讀，重視社交平台的人際溝通，和我輩擅長交流的手寫溫度、見字如晤，相去甚遙，同時，老派的我們講究以心傳心的慢熟交際思維，也不是新世代習以為常的快思交流的人際速度。但世代價值本來就沒有誰對誰錯，孰優孰劣，彼此能有效溝通，相互理解就是攜手前進的「跨越同行」。

當我們都願意走進彼此，就有機會可以同框演出跨世代的閱讀故事。因此，我慣用的閱讀模式是書籍的主題對讀：

議題	大人	青少年	我們可以這樣想像
飲食議題	《茶金歲月》	《我的一簾柿餅》	思考一段歷史與親情之間的連結？
	《吃的台灣史》	《世界末日時，有空喝杯咖啡嗎？》	多元文化與記憶之間，我們怎麼尋光前進？
生活議題	《節氣食堂：我是農產品促銷員》	《綠生活療癒手冊》	從節氣到綠生活，我們感知時序，尋到前進的動力？
	《風土創業學：地方創生的25堂商業模式課》	《重塑日本風景》	每天都會接觸的土地問題，如何透過創意重新展現在地新風景？
情感溝通	《說不出口的，更需要被聽懂》	《不管孩子，比管孩子還難！》	如果角色互換？如果換個方式？會不會更理解給愛談情的方式？
	《愛的藝術》	《末日告白指南》	如果世界不溫柔，可以用愛讓它浪漫起來。如何做？如何思考？
學習議題	《大腦喜歡這樣學．強效教學版》	《胖古人的古人好朋友》	學習可以從認識大腦用概念，從知識轉化成圖像，找到學習新渠道？
	《最高學習法》	《精準思考》	找到問題的本質，就能輕鬆找到學習解方？

同時，從青少年喜歡的《鬼滅之刃》、《航海王》、《海盜戰記》等動漫系列去閱讀，終於了解他們對勇氣、夢想、親情、友情的不同想像。就像《航海王》中的魯夫，他的領導風格是——在我的船上沒有屬下，大家都是平等平行的，誰能在關鍵時刻產生影響力，就是團隊的「英雄」。同時，也在傾聽他們說書的時光，「偷渡」適合他們閱讀的《偷書賊》、《小王子》、《追風箏的孩子》等小說。

孤獨常常是成長必經的路，被討厭也是對價值選擇的堅持，非主流也可能在創造時代的新潮流。若能以一本書相互聆聽、對話、分享，相信這是世代跨域共讀最迷人的誘因。

我常問孩子的是：如何從李清照和吳爾芙的作品或論述，推論他們是否都具有女性主義的思維和觀點？看似提與問，卻刻意訓練「以書為基石」的邏輯思考與表達溝通，將議題價值放進提問教學的環節，以置入性行銷的方式，給予他們思考的鷹架，讓思考慢慢可見。

如果大人和青少年都要在ＡＩ時代，重新認識新的議題，在不同的生活環境、時代氛圍，家人相處模式，對於書籍產生興趣的方式或許不同，但無論主動或是被動，都是在邁向終身閱讀的旅程。同時，閱讀是快速也便宜的自我投資，只要每天持續閱讀十分鐘，日積月累就能吸收作者知識的精髓，內化成能力，成為知識躍進的獲利者。

紀伯倫《先知》裡的〈孩子〉曾這樣提醒我，它帶給我的啟迪是：你的孩子不是你的，他們是「生命」的子女，是生命自身的渴望。你好比一把弓，孩子是從你身上射出的生命之箭。弓箭手看見無窮路徑上的箭靶，於是他大力拉彎你這把弓，希望他的箭能射得又快又遠。

如果，我想帶孩子走進閱讀廣袤的世界，成為一個合格的大人，從享受五感閱讀到系統閱讀的能力，從讀懂身邊的人情到讀懂世界的奧義，都是我們必須要陪伴他、等待他走進閱讀世界的三個階段。一如張潮說的：「少年讀書，如隙中窺月；中年讀書，如庭中望月，老年讀書，如台上玩月，皆以閱歷之淺深，為所得之淺深耳。」

從學習的歷程，生命的探問，我們都是從不合格到合格，從失敗的灰燼中窺見開出一朵燦美花朵的奇蹟之景，那是多麼熱烈追尋的生命的渴望。

關於閱讀，我們若學習梅克爾的待人之道：以溝通取代忽視，善用談判技巧，不輕易讓步任何重大要事，也贏得更多斡旋空間。如果，我們像賴佩霞一樣願意以「非暴力溝通」與別人對談，那麼「轉念功課」就是跟自己好好說話。

每本書像一帖又一帖的溫柔處方箋，它讓你無論選擇熱情冒險，抑或是安穩平靜，一樣能找到獨特生命的真相。造成世代閱讀隔閡的，從來不是年紀跟書類，而是心中的偏見和固著。例如《牡丹亭》、《桃花扇》、《孤雛淚》等小說，它們不只是一個時代的縮影，讀著讀著也能薰染出生命遇到困境時的同溫之情。

或許，我們這些大人認識的閱讀，也並非事實的全面，我們所見的可能是一個視角，也並非真相。當我們以書為名，為孩子打造一個閱讀的環境，讓他們即便疲累了，也有個避風的港灣，生命遭逢有風有雨，還有個書裡的天堂，可以安然棲息，一如波赫士說的：「天堂應該是圖書館的模樣！」

伊琳娜．瓦耶荷以超級讀者的身分，寫下《書頁中的永恆》的心意，表達她對書籍致敬的虔誠，還有在每本書力求跳脫侷限，自我療癒與實踐之路。其中的情懷是不是也是我們要和孩子一起學習的？我們這些大人是否能先從孩子的閱推人、說書人做起，蹲低身子，和他們共讀，再為他們奮身躍起，燦亮閱讀蒼穹，我們的孩子就可以成為閃亮星空的閱讀新星，一如我對自己閱讀人生的註解：走過、路過、絕不錯過「每本好書」。

推薦書單

- 《鬼滅之刃》，吾峠呼世晴，東立。
- 《茶金歲月》，廖運潘，聯經出版公司。
- 《陳郁如的食．味．情手札：我的一簾柿餅》，陳郁如，親子天下。
- 《吃的台灣史》，翁佳音、曹銘宗，貓頭鷹。
- 《世界末日時，有空喝杯咖啡嗎？》，何則文，時報出版。
- 《節氣食堂，我是農產品促銷員》，王浩一，有鹿文化。
- 《綠生活療癒手冊：100則園藝治療心處方》，黃盛璘、黃盛瑩、蔡祐庭，心靈工坊。
- 《風土創業學：地方創生的25堂商業模式課》，洪震宇，遠流。
- 《重塑日本風景：頂尖設計師的地方創生筆記》，梅原真，行人。
- 《說不出口的，更需要被聽懂》，胡展誥，遠流。
- 《不管孩子，比管孩子還難！》，黑幼龍，發光體。
- 《末日告白指南》，蘇乙笙，皇冠。
- 《胖古人的古人好朋友》，J.ho，國語日報。

- 《最高學習法》，傑里德．庫尼．霍維斯，大田。
- 《精準思考》，成甲，先覺。
- 《偷書賊》，馬格斯．朱薩克，木馬文化。
- 《小王子》，安東尼．聖修伯里，漫遊者文化。
- 《追風箏的孩子》，卡勒德．胡賽尼，木馬文化。
- 《書頁中的永恆》，伊琳娜．瓦耶荷，究竟。

11

人際社交力：適應未知，向安靜的強者請益

我們當然知道，要向強者請益，和強者學習，但，強者有時間和我們隨時、隨地、隨興地「閒聊」？

如何可以隨時向強者諮詢，又不會被拒絕，吃閉門羹？只要上各式購書網，對有興趣的大師作品按一下「購買」，強者立刻化成文字，自動向你說：「請多多指教」。

閱讀一本書，就是和強者的人生找連結的方式，選擇自己和強者輕鬆對談的情境。你不用準備台詞，你不用怕冷場，甚至可以依照自己的狀態，開啟或暫停話題的時機，你可以讓自己邊與之對話邊放空思考一下所謂的「見字如

晤」，有些交情和感動是從文字召喚而來的，尤其是心靈層面的潤澤，你和強者在文字長廊中遇見了，以書為儀式，打個招呼，兩人恍若忘年之友，因書建立的初見好感，使彼此爾後能促膝而談、輕鬆對談。

推廣閱讀多年，我總覺得能與年輕的孩子們以一本書，當作摸索前進之路、深切的交談，途徑是搭建穩固的友誼，引導他們去思考比較困難的哲學問題，生存問題，甚至「我是誰」的一生探問。閱讀可以從有趣的書開始，再到有用、有哏，慢慢建立閱讀的短、中、長期目標。雖無法像前輩們一生都在實現「文以載道，文以言志」的為學理想，但能把古今經典中智者的思維，以較為輕鬆、接地氣的方式，引介到青少年的生活中，這也是我最企盼的事。因此，利用每個長假送給孩子的書單，總是耗費心力、刻意琢磨，希望書單沒有偏廢，能包含感性的火焰和知性的光輝，激發每個孩子的天賦，使之在廣袤的閱讀世界，驅動自由自在的學習動機，發揮人際社交力的特質，且勇於接受未來挑戰。

一、《電影院的哲學家》

本書作者郝廣才整理三百六十五部電影的對白，讓我們天天一聚焦、七日一循環，讓有情的我們都能在愛、恨、智、勇、夢、悲、樂，品味人生哲學。厲害的對白，以最少的文字，一句入魂地為經典電影濃妝豔抹、粉墨登場地將停駐在我們心底的風景，即刻重現場景，讓讀者重溫感動！

二、《從一到一：工一設計，經營與創新實踐》

台灣八〇後世代設計人，三人集合力量，組成了「工一設計」，「工」是一種淬鍊的過程，「一」是對設計的初心，展現年輕人相互扶持、向前拚搏的精神，彼此交流分享，透過競合力，不斷求進步。從創業到經營，從經營到管理，本來就不是藝術家擅長的事，他們透過碰撞與摸索，享受挑戰的淬鍊，走向設計的實踐與影響他人的旅程，足以讓年輕學子萃取出工作的智慧，找尋到行事的熱情，為自己未來的工作模式，塑造可仿效的典範。

三、《你真的不必討好所有人：獻給容易受傷的你の厚臉皮學》

枡野俊明被稱為「世界最尊敬的一百位日本人」，不只是自己獨好，也教身邊的人活出輕鬆自在的人生！從心靈的強度鍛鍊起，你需要的是傾聽內在的聲音，可以示弱不受困於比較心，願意守護善良的底線，不必討好所有人，學會厚臉皮拒絕他人的干預，不會被別人的一句話，惹得凡事自責，並能在淒惶的時刻告訴自己：心轉境隨，日日靜好……願意展現真實的自己，讓生活更從容、更自在！

四、《成功的反思：混亂世局中，我們必須重新學習的一堂課》

面對疫情危機，面對朝不保夕的時刻，人們又該如何才能同舟共濟？桑德爾認為，在「贏家」與「輸家」二分的時代，在不同立場間的對立，彼此撕裂的傷痕，讓「贏家」活得辛苦。如何定義「成功」，打造一個讓所有人都能擁有幸福與尊嚴的社會。魏晉士人，雖各自流露出獨有的人生美學，你無法掌控的亂世，只能寄情山水，狂狷如竹林七賢，抑或是像王謝士族，或狂放不羈，或從容優雅的姿態，最終，你還是得面對「存在」的問題。桑德爾提醒我們：教育的本質與目的是什麼？如何建立工作的價值與尊嚴？提醒我們謙卑、珍惜，好好反思成功的定義，營造真正讓社會邁向公平正義的積極作為。

五、《世界大局・地圖全解讀 Vol. 3》

你知道現代還有高達四千零三十萬人是奴隸？為什麼歐洲有反疫苗浪潮？現代海盜真的捲土重來了？川普感嘆的「人間悲劇」是什麼？面對全球動盪的時局，在聯合國UN製圖學家與二十三位地緣政治作家的聯手下，全書以多元視角為讀者打開國際議題的衝突核心，用一張地圖了解世界新局勢，讓讀者透過有條不紊的文字解說，圖文「並讀」地梳理事件真正的始末，探究發展的趨勢，明晰未來的變動，並了解事件因果與歷史脈絡，有助於我們對當前現況與未來的演變趨勢，與前瞻展望有更明確的剖析與洞見，讓我們能直擊國際政治角力熱點，而不被假訊息誤導誤判。

六、《王偉忠：都是我朋友的事，趁我還記得，一定要寫下來的男人鳥事……》

人生最難的，還是安頓自己徬徨的心。我們常會擔心明日，恐懼當下，煩惱昨日。看來每一處都可以是前行的罣礙點，只要你無法放下，無法釋懷，它就讓你一直「卡關」。王偉忠說：誰一生沒遇到一、兩個渣男、渣女，種種惆悵、怨恨、驚恐、詫異的情緒……「王偉忠」式的人生哲思與幽默，讓我們在自省的旅程中，找到精神上的安慰，你無須刻意地豁達曠意，或是修為自我調侃式的修煉。看淡一切自然就能找到自適之道，人生百態常常是我們生活的剎那縮影，沒過的關，沒愛上的人，也會是記憶湖波裡，念與不念的美麗心事……。

七、《傾城之戀（張愛玲百歲誕辰紀念版）》

經典之必要，不可捉摸之必要，華麗蒼涼之必要，置身於紅塵俗世，張愛玲給你一個人生解方，卻又顛覆你的三觀，從八篇短篇小說，你窺見張氏男女的愛恨癡嗔，紛至沓來的無常，抑或是天災人禍、人聚人散，小說流洩的流光氣味透出生活的快意與悲情，浮生危城是你有光亦是無光的所在。回不去的過去，是溫柔抑是惆悵，都在讀者心中百轉千迴著，你有你的想法，我有我的解釋。

八、《聊天紀錄》

莎莉・魯尼《正常人》出版之後，其居高不下的暢銷度，作者獨有精準的小說情節，讓我們彷彿經歷一個他者的寫實人生。這次她想挑戰的敏感議題是：AI時代普遍遇到的社交障礙議題。人與人的關係是靠什麼維繫的？是孔子說的「友直，友諒，友多聞」三益友？還是停留在「愈聊天愈寂寞」的社交恐懼？經濟危機後的都柏林，兩組人馬，四角關係，為何會陷入愈親密愈不安的困局？你想知道聊天最後的結局嗎？打開書就能「解密」答案了。

九、《與其麻木前進，不如勇敢迷失》

林子鈞是國際教育組織「遠山呼喚」共同創辦人，相信教育可以為貧窮學童翻轉人生。面對父母期待、社會眼光、世界規則、每個人追尋夢想的方式迥異，但要活成自己喜歡的樣子，尋求安身立命之道，就是靜心日好、勇敢前進的答案。面對迷惘、經歷失敗、追求成長、走進社會、迎向世界，外面喧囂嘈雜，擔心迷途未知，不如選擇自己想走的旅程。即便前路崎嶇蜿蜒，看準目標就能披荊斬棘，日積月累讓勇氣「長出來」，也從中感受踏實之情油然而生。當你想要抱怨，或覺得有所欠缺時，這本書將帶給你活出自信的力量。

十、《看得見，才有鬼：修煉故事之眼》

每個人都知道：善用文字的魅力，就能取得聲量、流量，且讓自己綻放光芒。看到這裡，是不是有些動心？也想立馬拿起筆，為自己的人生征途，寫個好故事？但是，怎麼一刻鐘過去了，三刻鐘過去了，你還是望著空白的扉頁一字難產？如果，你想啟動寫故事的靈感和技巧，這本書有幾個「即刻吸睛」的祕訣，值得你注意：以「修煉」為主軸，帶著讀者一步步走進寫作的新視界，找到故事的「心」視野。同時，作者謝文賢不吝給出寫作者務實的操作方法，以「故事怎麼計算」替讀者搭建學習鷹架，讓你能按部就班，循序漸進地找到寫故事的訣竅，尋回一雙故事的靈犀之眼。

十一、《Rea 手繪食譜》

想要幫家人帶便當，又不想失去優雅，這本手繪風格的「視吃」食譜，不只讓人容易動心想要親做，尤其看到一道道美食出爐時，讓疫情時光瀰漫的沉悶感頓時消逝，味覺視覺的雙「挑逗」，療癒不已。尤其注重現代人最在意的減醣，講究餐餐美味、「食在」健康，讓你做出簡單又純淨的料理。為愛煮食果真是生命最美好的時光，更是為家人留下愛的印記的好作法。

十二、《天才的人間力，鈴木一朗：51則超越野球的人生智慧》

縱橫美日職棒二十八年的「朗神傳奇」必定是熱愛野球的粉絲們朗朗上口的傳奇人物。本書以智慧語錄傳達鈴木一朗勵志的故事，從朗神的日常，同步他饒富哲理的思維，一朗追求的不是破紀錄的數字，而是面對高門檻與目標，願意專注實踐、自主決斷，不只展現無比的「人間力」，也讓我們頓悟人生的智慧。球衣背號51號，五十一篇真實故事，讓我們從語錄金句的蘊藉，找到與朗神生命互感的共鳴。扭轉傳奇球星的關鍵是，願意改變的生命熱情與大無畏突破的勇氣。

所謂「生有熱烈，藏與俗常」，閱讀人生，人生閱讀，培養孩子自主學習，希冀他們能從尋凡的細微處，以靈犀之眼，看見生活的驚喜，體會出「大知閒閒」的人生情態，學會每個成功者必有「抱真唯守墨，求用每虛心」的處事特質，強者成功渠道，各有巧思創意，但殊途同歸的是——他們畢生謙遜做事，慈悲待人。

閱讀適合外向的孩子，它能激盪創意，養一個「視野」，造一個「新局」。閱讀也適合內向的孩子，讓他們學習和孤獨為友，和世界安靜地保持良性互動。閱讀能讓你和挫折握手言和，甚至，從中認識自己，看清這個世界，洞察人事和情理。如果，在漫漫假期，能在書中找到一知己、一強者，就能感受「人生得一知己足矣，斯世當同懷視之」的真諦，同時也體會到向安靜強者請益，無形中也增益你的人際社交力，讓你把事做好，把話說暖，把人放在心底尊敬著、善待著，內在力量就能真實盈滿起來。

推薦書單

- 《電影院的哲學家：從感動的對白，找到理想的自己。》，郝廣才，遊目族。
- 《從一到一：工一設計，經營與創新實踐》，工一設計，麥浩斯。
- 《你真的不必討好所有人：獻給容易受傷的你の厚臉皮學》，枡野俊明，平安文化。
- 《成功的反思：混亂世局中，我們必須重新學習的一堂課》，邁可·桑德爾，先覺。
- 《世界大局·地圖全解讀 Vol. 3》，亞歷克西斯·鮑茲曼，蘿拉·瑪格麗特，野人。
- 《王偉忠：都是我朋友的事，趁我還記得，一定要寫下來的男人鳥事……》，王偉忠、王蓉，時報出版。
- 《傾城之戀（張愛玲百歲誕辰紀念版）》，張愛玲，皇冠。
- 《聊天紀錄》，莎莉·魯尼，時報出版。
- 《與其麻木前進，不如勇敢迷失》，林子鈞，悅知文化。
- 《看得見，才有鬼：修煉故事之眼》，謝文賢，幼獅文化。
- 《Rea 手繪食譜》，賴佳芬，布克文化。
- 《天才的人間力，鈴木一朗：51則超越野球的人生智慧》，張尤金，奇光文化。

12

學習關鍵力：視覺、聽覺、讀寫、觸覺四種學習模式

最常遇到家長問我：我的孩子都不喜歡閱讀，到底要送給孩子們哪種類型的書籍呢？說真心話，送給孩子一本書，也要了解他們平日的學習風格。根據尼爾佛萊明（Neil Fleming）的長期研究，他針對人類的學習模式，透過「VARK」問卷設計，匯整的十六個問題，將學生的學習分類成Visual（視覺）、Aural（聽覺）、Read（閱讀）、及Kinesthetic（觸覺）四種。

或許，你願意先試著閱讀他的屬性，較能精準給書的機率就會增加，就像中醫師問診會從「望聞問切」來收集資訊。因此，找到孩子學習風格的傾向，你更可以觀察在一天中，哪個時段對於孩子而言，學習的效果最佳？是萬籟俱

靜的早晨、還是慵懶浪漫的下午，抑若是星光閃閃的夜晚？學習或做事的時候，你喜歡聽音樂來搭襯，還是喜歡置身於寂靜的空間？你是喜歡孤「讀」的感覺，體現無入而不自得的樂趣，還是喜歡眾樂「讀」的氛圍，一起享受閱讀的交流與討論的熱鬧感呢？

若以視覺圖像、聽覺說書、讀寫創作、動態實作等四類來推薦書單，應能讓更多的學生因內探自我學習風格的屬性，進而與之對話之後，找到自己可能會喜歡、或是有興趣，且適合自己的閱讀書籍。

如果，你是四種類型的綜合體，或是跨兩類以上的學習風格，那麼，真的要大力地恭喜你了。因為這四類類舉的優質書籍，你都可以一一打包，展開全方面閱讀，讓自己的閱讀與學習不打烊。同時，選對時間、夥伴、環境，讓你的閱讀形態能更貼近自己喜歡且擅長的學習樣態。

一、視覺圖像有思考力

這類型的學習者習慣運用圖片、表格等策略，來幫助自己記憶歸納，甚至聚焦思考，例如，標籤化、眉批、心得筆記等，這些方法使其學習收斂，對科學探究的書類，視覺圖像更是扮演極重要的角色。同時，對於具有觀察力與想像力的孩子而言，這類的書籍也能協助他們學習更有效率與快速。擅長心智圖教學的李悟曾說：「建立學習方向感，是開始做邏輯以及抽象性思考的第一步。」原來，閱讀的視覺化，有助我們讓閱讀變成容易上手的能力。

推薦書單

- 《半小時漫畫宋詞》，半小時漫畫團隊、陳磊，日出出版。
- 《看漫畫，學論語》，王文華，小天下。

- 《小咖的我，今天也很好》，Juno，采實文化。
- 《如果生物課都這麼ㄎㄧㄤ！》，10秒鐘教室，野人。
- 《趣味心理學原來是神隊友》，Yan 硯取歪，大田。
- 《皇上吃什麼》，李舒，聯經出版公司。
- 《臺灣沒說你不知道》，每日一冷，尖端。
- 《超圖解創意寫作》，安迪·普倫提斯、馬修·歐丹，小天下。
- 《高效讀書法＋活用筆記術》，曾文哲，時報出版。
- 《解憂起笑店》，八耐舜子，大田。

二、聽覺說書有專注力

當閱讀的型態開始改變，不同媒材的閱讀，也成為不同學習風格者的多樣選擇。Podcast、Clubhouse 帶起以「聽覺」閱讀書籍的風潮，讓原本不喜歡視覺學習的孩子們，可以選擇聽覺說書的閱讀領域，許多書寫者，同時也是創作者，由他們來獻聲說書，更具魅力。其中「說書／聽書」的閱讀，也因為不同說書人風格，讓以聽覺為學習的孩子，找到投其所好的優質書籍。從三分鐘、五分鐘、十分鐘聽書的頻道來累積知識，就能讓學習更豐盛多元。

推薦平台

- 1號課堂，以書籍為主的線上學習平台。
- 大大讀書，提供約三百本書籍。
- Himalaya，是國際型線上學習平台，同步提供有聲書與音頻。
- Podcast，有不同創作者製作說書的音頻節目串流，免費收聽居多。
- 啾音好書，由啾啾鞋、Neko嗚喵、鮪魚等講者為主。每月新增十本書籍的說書服務。
- 一刻鯨選，用一刻十五分鐘時間，讓聽者打開耳朵，輕鬆投入知識海洋與之遨遊。

三、讀寫創作有創意力

這類型的學習者對於文字感受力強，能夠自行閱讀輸入，整理大量資訊後，進行文字統整及產出。透過閱讀文字、自行完成閱讀筆記，列出書中的提綱，讓學習過後留下紀錄，一如愛因斯坦說的：「如果你沒辦法簡單說明，代表你根本沒完全明白。」能產出閱讀後的再創成品，不只能順勢留下閱讀的成果，進行深層的閱讀理解與高層次思辨，最後還能打造自己的知識品牌。

推薦書單

- 《我是貓》，夏目漱石，好讀。
- 《十種寂寞》，簡媜，印刻。
- 《流浪的月》，凪良汐，悅知文化。

- 《小丑之花》，太宰治，大牌出版。
- 《金閣寺》，三島由紀夫，木馬文化。
- 《你好，我是接體員》，大師兄，寶瓶文化。
- 《看故事，學寫作》，李崇建、張詩亞、張佳詩，未來出版。
- 《午夜圖書館》，麥特．海格，漫遊者文化。
- 《如何閱讀一首詩詞》，潘麗珠等，商周出版。
- 《大人的詩塾》，趙啟麟，啟動文化。
- 《張曼娟的課外讀物1～4》，奧．亨利、契訶夫、芥川龍之介、奧斯卡．王爾德、張曼娟，麥田。
- 《巴黎圖書館》，珍娜．史嘉琳．查爾斯，皇冠。

四、動態實作有合作力

這類的學習者從好玩到解密，從實作探究到知識理解，他們喜歡實地踏查的體現，在現實生活透過身體移動，參與學習的知能範疇。這樣的學習充滿吸引力。他們講究實踐、應用、與動手做的觸覺感，從中來閱讀知識，進而理解生活抽象的概念。並從戶外學習、探索實作等面向，根據書中提及的內容，親自產出閱讀後，身體力行的「有趣成果」。閱讀者能從中閱讀紙本文字，尋訪到實作學習的快樂。

推薦書單

- 《一個人的無謀小旅行》，米果，日出出版。
- 《冥想正念手冊》，安迪．帕帝康，星出版。

‧《10秒鐘美食教室》，Yan，四塊玉文創。
‧《冷知識背後的熱思考：啾啾鞋教你幫大腦開外掛的30個法則》，啾啾鞋，商周出版。
‧《中小學生的心智圖記憶學習筆記》，李忠峯，和平國際。
‧《如何做一本書》，韓絜光，木馬文化。
‧《設計的實戰法則》，宇治智子，如何。
‧《台灣小吃教科書》，林美慧，邦聯文化。
‧《被遺忘的拉美》，胖胖樹、王瑞閔，麥浩斯。
‧《STEAM 科學了不起》，羅伯．比提、山姆．匹特，碁峰。

作為一位長期閱讀推廣者的癡心，就是期待每本書都能找到適合他的讀者，讓開啟頁扉之始到掩卷思考之終，都能為自己的生命，注入汩汩的閱讀活水，啟發我們用不同的視角來解讀——瞬息萬變卻繽紛美麗的世界。期待我們以學習風格為起點的閱讀，能幫助孩子找到適合的書籍，更輕鬆地與之對話、愉悅地與之共處，因閱讀的各種增潤讓生活變得豐富而多彩。

13 自主閱讀力：三種選書模式，設定短中長期的閱讀目標

疫情期間，自由行動的區域受到某些限制，你會發現最大的自由與享受應是宅在家生活，要怎麼排遣時光，讓它有意義且獲得放鬆呢？我的作法是自主閱讀。閱讀時光，泡杯高山好茶或香醇咖啡，加點美味糕餅，閱讀過程既能獲得新知，也能讓身體充電。同時，提醒正在休息的大腦，盡速「動」起來。既然是自主閱讀，那麼我們可用三個指標來選書——自由閱讀以興趣為主；目標閱讀以實用為主；療癒閱讀以有情為主。這也符合為自己訂定閱讀計畫的三個層次。

一、自由閱讀

單純地閱讀與喜歡的書籍巧然遇見，這是閱讀最輕鬆簡易的時刻。想讀什麼，就看你對什麼議題有興趣，什麼問題有疑惑，「對味了」，就放心去讀。不要去管是不是暢銷書，是不是實用，而是傾聽自己內在的聲音，不拘形式，找到自己目前「最想要讀的」是什麼書就可以了，走進閱讀的世界就太完美了！

陳雋弘《此刻是多麼值得放棄》以四十五首經典作品及二十一首從未曝光的詩作，回歸詩壇，他保有向世界質疑的年輕詩心，熱情地吶喊著：暗黑的世界因為有詩的存在，我們就能窺見從罅縫透出微光。一如詩人說的：「希望你讀著這些詩的時候，可以重新想起那被時間丟棄過的，某部分自己。」因為熬過寂寞，才有機會看見春光，從陰鬱到朗晴，詩的溫柔撫慰了讀者的疲憊與哀傷，火裡來水裡去，因為愛而奮不顧身。

《詩心引力：磁力詩生活萬用曆》第一次感覺到能邊讀詩，邊「玩詩」，你可以一個人創作，也可以一群人來「搬弄」文字，來表達對於歲月、人生、人情內在喜怒哀樂的真實感受。與其羨慕詩人的靈犀，不如透過磁力詩的輔助，讓十二詩人的文字當作引子，促發我們被觸動而有所思、有所感的詩心，記錄歲月醞釀過的詩藝生活，透過手溫排列，文學生活，生活文學的實踐，原來是可以用手「玩」出來的。

《通天之路：李白》作者哈金重寫李白的故事，彷彿穿越時空似的，重新演繹無人不知，無人不曉的李白。若說，自己初識唐詩的奇奧世界，是真真切切折服於李十二的浪漫與瀟灑，他的傳奇人生讓自己傾慕，他對月亮的歌詠，讓我也常舉頭望明月，但李白又是如此地矛盾，追逐的高緲脫俗神道天庭，卻又入世於喧囂的權力天朝。他是虛榮自大的寂寞天才，他抑是才華洋溢的神仙詩人，李白戲劇化的人生不也像我們混沌未明的人生？或許，每個生命節點的選擇，注定我們會是歸人還是過客的命運。

二、目標閱讀

面對開工或是開學，你有許多目標、計畫要擬定，過往卡住的生活瓶頸，需要突破的困境，透過閱讀的歷程，容易找到方法解決，尋得靈感去創新，事先做好準備，擬好計畫，面對目標將能更得心應手。

目標閱讀以番茄時鐘法「二十五分鐘」為單位，每二十五分鐘過後，就站起來動一動，休息五分鐘。閱讀與休息之間交互使用，能讓閱讀的時刻能精神專注，休息的時候腦袋能休息放空，就能啟動一波又一波目標閱讀的實質累積與專注力的衝刺。

《這麼做，就對了！：最ㄎ一ㄤ的生活科學指南》作者蘭德爾．門羅用「不知情」的好奇心來看待世界，你就能從餿主意搜出好創意，作者以身親試，用搞怪的方法，解決常見的問題，不只讓問題變得既有趣又能增長智慧，例如，如何從太空寄送包裹，你想過這個問題嗎？看起來瘋狂又荒謬的點子，作者卻以縝密的科學理論與嚴謹的實驗精神來解密。阿波羅手提箱又是什麼？作者不是要你照單全收，反而是要你一起動腦，用「搜創意」的精神來嗆嗆門羅，原來，科宅之神也能換人做做看。

《漫畫昆蟲笑料演化史》作者只和五隻腳以上的生物做朋友，他用另類詼諧的畫風，帶領我們認識世界繁衍力最強的生物，原來，昆蟲可是超萌的，萌到你會以為自己也變身為昆蟲世界的一員，帥到掉渣的昆蟲是誰？專業又天馬行空的創作風格，偶爾你會發現佛洛伊德也來「參」一腳，書中一段冷不防地回話，讓你笑到淚腺發達，不知不覺就愛上這本專業又 KUSO 的昆蟲誌。

《如果歷史是一群喵》是一本「喵」到不行的漫畫中國史。作者肥志以詼諧幽默、通俗簡易的繪圖方式，讓十二隻萌貓化身為歷史人物，有的傻呆、有的暗黑、有的陰沉、有的熱情，讓我們漫步在歷史的長廊裡，跟著作者一起學貓叫，找「史」魂。原來，學歷史可以這樣趣味橫生、萌力全開，甚至，考力滿點、完全制霸。萌貓不只用接地氣的可愛對話，讓你笑聲連連，同時，也引導你體會探究歷史的魅力，漫畫歷史展現的專業知識絕不打折扣，它成為你學習的神助攻，更讓你從第一集到第十集，學得專心又暖心，難怪這幾本歷史萌典，本本強勢占據各大書店的熱榜。

《繪本裡的千言萬語》的作者是熱愛英文繪本的李貞慧，這次她想對孩子說的話，都寫在給孩子的教養情書裡。她精選三十個主題，搭配三十本親子共讀的繪本，與讀者分享每個故事都有一位母親細密而綿長的愛之絮語。關於成長的愛之流轉、學習與挫折為友、邁向夢想的堅持、探索獨一無二的自我。當李貞慧赤誠地說出：「我們都是當了父母之後，才學會好好當父母」的，這也表示她已是能量充沛的母親，更是陪伴孩子啟蒙人生的光。當繪本遇上書信，我們期待更多璀璨的親子火花，以書打開溝通的橋樑，讓彼此都能成為堅定、勇敢、自信的有情家人。

三、療癒閱讀

閱讀可當作情緒的舒緩劑，有時候讀著讀著，心裡的負面能量就會消逝，不管是正念練習的「心靈雞湯」，還是逆思維的「毒雞湯」，只要能幫情緒找個宣洩的出口，讓自己找到安心靜氣的力量，甚至大聲喊出：「只要我一站，那裡就是舞台，那裡就是中央！」尋回自信的力量。

《若終究沒有永遠，每個有你的瞬間都是多一點》作者是年輕的新世代筆柯町，詮釋愛情的筆觸，精準也透出溫情，你愛的人或許不是最好的，卻是最適合你的，所以不要再猶豫，緊緊抓住就是了。闔上頁扉的當下，你覺醒了：這次錯過的感情，看似碎裂了，卻是為了下一次情感的圓滿而來。重新再讀的霎時，你思考了：說再見有時候不是不愛了，而是真誠地放手，讓他可以好好地追尋真愛，這樣的愛情才是純粹無私的。更真實的是——「我們每個人都有愚蠢透頂的時候。」或許，曾經愚蠢過，獨嘗過心痛的滋味，才能瞬間長大，這次的愚蠢，讓你未來開得了口，說得出話，這樣的愚蠢看來是值得的。

《ROLAND 我，和我以外的。》作者 ROLAND，狂妄地說出：「即使一百個人都認為你做不到，也要去證明他們全都是錯誤的。」這口吻夠霸氣吧，能撐起這樣的不可一世，他需要付出比別人更多的努力與勇氣，才能成為活出獨創風格的媒體寵兒。他這一生都不想被歸類為「某某系」或是「某某類型」的人而活，作者覺得：「我」是以特別的存在自居，是獨一無二的，別以為這樣的人很孤傲，在「命懸一線」的時刻，用幽默感拯救搖搖欲墜的自己。看來是不錯的選擇，甚至，作者把暢銷書的版稅都捐出來做公益，他想試著用自己的力量，讓世界變得更明亮！這才是真正善意的生活實踐家。

《這世界很煩，但你要很可愛》收錄暢銷書作家萬特特等二十七位女性作家的故事和經歷。年輕的她們，不用老生常談的口氣談人生，她們用金句與故事「KO」絕望，熬過辛酸，躲過暗箭，你可以天真，但不要犯傻，你可以溫情，但要有與命運搏殺的韌性，她們對人生、對職場、對愛情、對美麗等面向，提供讀者壯大自己的思維，從觀念的再思考，開始進行改造與轉變，你會活出自己「火紅」的姿態，仍保有風骨與氣質，面對被評點的焦慮、被孤立的失落，你仍擁有清醒的頭腦，溫柔的身段，輕鬆活出「你奈我何」的生活強度，讓你找到與朋友、敵人共處的自在與自信。

僅以這十本書作為三種選書方向的舉隅，讓我們在艱難的時刻，能以閱讀放下內在的擔憂，掌握自己的方向，透過自主選書，設定閱讀短中長期的排程，訂定不同階段的閱讀任務，為自己每天撥出固定的讀書時間，並進行反思記錄的書寫，就能摘掉「不安的濾鏡」，透過一帖又一帖閱讀的處方箋，找到人生前進的方向，讓我們在自由閱讀、目標閱讀、療癒閱讀三種閱讀模式的觸發下，讓自己因閱讀的陪伴，身心靈都輕快自由起來。

推薦書單

- 《此刻是多麼值得放棄》，陳雋弘，三采。
- 《詩心引力：磁力詩生活萬用曆》，羅毓嘉、陳繁齊、林婉瑜等，聯經出版公司。
- 《通天之路：李白》，哈金，聯經出版公司。
- 《這麼做，就對了！：最ㄎㄧㄤ的生活科學指南》，蘭德爾．門羅，天下文化。
- 《漫畫昆蟲笑料演化史》，金渡潤，橙實文化。
- 《如果歷史是一群喵》，肥志，野人。
- 《繪本裡的千言萬語》，李貞慧，大好書屋。
- 《若終究沒有永遠，每個有你的瞬間都是多一點》，筆枒町，采實文化。
- 《ROLAND　我，和我以外的。》，ROLAND，台灣角川。
- 《這世界很煩，但你要很可愛》萬特特等，幸福文化。

14

溝通協作力：從東奧選手身上學會的事

台灣選手在二〇二一年東京奧運締造了二金、四銀、六銅的佳績，讓全台民眾看到運動員在競技場上展現君子之爭的風範，「勝不驕、敗不餒」的素養，同時，也在採訪運動員的小故事中明白：無論成敗與結果，運動員在奔赴目標的旅途中，必須熬過漫長的孤獨時光，鍛鍊自己「苦練不放棄」的毅力，甚至，面對失敗、質疑眼光，都要找到不斷向前走的勇氣。

因為疫情而被迫居家學習，曾面對漫長的居家時間，孩子們珍惜可以重新回到校園的實體課程。

或許學習的歷程，也會在疫情時好時壞的影響下，或多或少要不斷適應與調整，但若能延續東奧熱血運動家的精神，帶著不怕挑戰的鬥志和滿滿的希望與愛，開啟疫情時代學習的新扉頁，我們就能為願意為學習而戰、為人生勇敢前進的生命掌舵者。當運動遇上閱讀這樣嶄新的組合，不只能讓我們大腦活絡，更能保持內在平靜與充實的能量，奏響我們新學習時代的雋永樂章。

◆ 放手去飛，天賦自由讓人生發光

十九歲的林昀儒，不只是桌球界的省話一哥，更是跳脫傳統框架，謙遜有禮的他，不只看見自己對桌球的熱情，也在學習歷程從不放手。如何讓自己在學習與運動專才之間，取得平衡？父母全力支持昀儒的夢想，讓他能更專注於桌球運動，同時也不荒廢學業，他們選擇在家自學的模式，讓昀儒不只能天賦自由，讓專長發光，從中昀儒也明白：唯有加倍努力，才有機會魚與熊掌兼得。每次在直播賽事時，看見昀儒即便分數落後，還是淡定地打好每一顆球，一分一分地追上，最後，終於逆轉勝，許多畫面深植人心，太振奮全民士氣了。

昀儒曾說：「我沒有放棄任何一刻，即使是落後，我還是相信自己。」寧靜致遠、澹泊明志的字句，用在年輕的昀儒身上，恰見其自體發光的原因。當記者追問昀儒成功的祕訣時，他眼神堅定說：「我從不覺得自己是天才，也許有一點天賦，但更多的是不斷不斷地努力。」昀儒對桌球的熱愛，讓他願意花比別人更多的時間去挑戰與投入，印證「時間花在哪裡，成就就在哪裡」的人生奧義。

◆ 珍惜當下，幸福是認真的累積

楊勇緯是為台灣摘下第一面東奧獎牌的柔道好手，猶記在冠軍戰面對日本選手高藤直壽時，勇緯臉上的拚勁，展現其不斷進攻的企圖心，也震撼正在看直播的台灣子民。雖然最後關頭，因為賽制規則被判為銀牌，令人震驚的最後一秒鐘，讓每個人瞬間心碎了，不過淚灑現場的勇緯擦乾眼淚說著：「不會因為拿了銀牌就停下腳步，『我要的是金牌』。」面對失敗，他選擇的不是洩氣，而是爭氣，為下一步的目標而認真定錨。讓人最動容的是他擦乾眼淚之後，綻開笑靨且自信地說：「下次一定要拿回金牌，我一定會再回來。」

勇緯在哪裡跌倒，就想在哪站起來，證明柔道是自己一輩子無悔的最愛，選擇所愛，擁夢前進，讓自己的柔道魂被看見。勇緯最常說：「我仍會奮戰下去」，內心有多強大，面對挫折就有多正向。我特別喜歡陽光男孩的金句：「如果有選擇，那就選擇最好的。如果沒有選擇，那就努力做到最好。」仔細咀嚼其意，真是字字珠璣，不斷注入正能量且盈滿心扉的話語呀！

◆ 逆風飛翔，命運靠自己拚搏

上天給你一巴掌，你卻用心為自己人生贏回一顆糖。這句話送給女子拳擊選手黃筱雯當作奮進生活的註腳，一點也不為過。從小父母婚姻破碎，加上父親多次吸毒入獄，讓她飽受他人異樣眼光的磨難。環境的貧困，開計程車的阿公，成為她生活的依靠。隔代教養成長環境，阿公為了維持家計，連半夜都在外跑車，外表甜美的筱雯，選擇如此酷帥的拳擊競技，奮力回擊命運的逆襲，不只沒有對逆境產生自暴自棄的情緒，反而憑藉堅毅的性格，把吃苦當吃補，為自己贏回勝利的人生。

她笑笑地說：曾被打到瘀青的雙眼，是邁向成功留下的徽章，聽到這句正能量爆棚的話語，讓我們佩服起筱雯，面對逆境不只沒有屈服，從不抱怨，反而戴起拳套，擊出亮麗的人生。甚至以自己勇於挑戰逆境的鬥志，和力爭上游的毅力，期待「以此」鼓舞父親也能迷途歸返。同時，讓原生家庭處於破碎或低落的孩子，因她的生命故事為例，可以做為學習的榜樣，為自己逆境人生闖出美好的旅程。黃筱雯教會我們的是：與其氣惱不平，不如氣勢非凡，我們都可以成為自己生命的獨一無二設計師。

◆英雄淡出，團隊合作的勝出

此次東奧最吸睛的雙人組，就是李洋與王齊麟的「麟洋配」。每次兩人奮戰成功之後，由上而下俯視的「聖筊」姿勢，除極具有台灣本地特色，兩人深厚情誼，也十分激勵人心。兩位熱血的台灣男孩，不只為我們贏得本屆賽事第一面金牌，亦是互助協力，奪牌含金量最高的團隊。王齊麟從小是光環環身的羽球神童，李洋則是永遠堅持理想的「老二」哲學，苦練拚勁讓他成為運動家的EQ翹楚。

雖然一開始，在單打的競賽場上，李洋不是最耀眼的明星，他卻樂於與人搭配合作，李洋了解，他最大的優勢是成為夥伴穩定的支柱和最強的後盾。就是這份心情讓「麟洋配」的組合，不只打出突破性的戰局，也展現出耳目一新默契十足的「CP組合」。兩人對夥伴高度信賴，讓台灣羽球男雙邁向「英雄淡出，團隊勝出」的嶄新里程碑。

◆翻滾吧！跳出自己的獨特與堅持

在紀錄片電影《翻滾吧！男孩》出現的「菜市場凱」，也就是李智凱，曾在電影中天真興奮地說出：「我要一直練習體操到參加奧運！」笑燦的臉龐讓觀眾印象深刻。只是，在邁向奧運的途中，他也吃盡苦頭，傷痕累累過。為了對體操的鍾情與承諾，他願意不斷嘗試從谷底翻身，再持續蹲低躍起。歷經無數黑暗的淬鍊，終於等到「黎明」的到來。這次，李智凱終於在東京完成奪牌夢想，並在鞍馬項目一舉奪下銀牌。他堅守自己的承諾：我做我說的，我說我做的，讓紀錄片不只是過眼雲煙的影像，也包含實際無數鄉親對體操運動的熱愛與期待。

「十年磨一劍，霜刃未曾試」的體操高手李智凱，他帶給我們的是一個莫忘初衷的男孩體操夢，最後能夠堅持翻滾到獎牌到手時，以翻出獨特人生的亮麗身影，讓我們難忘其熠熠身影呀！

◆相信自己，「推」出黑馬的亮眼品牌

東奧有一幕鶼鰈情深的畫面，特別催人熱淚。有對夫妻聯手創造奧運高爾夫的新紀錄，勇奪銅牌的潘政琮，事前在沒有人特別關注的情況下，一桿一桿地推打出高爾夫生涯的勝利桂冠。從第一天的倒數第三，一路開低走高，猶如黑馬般的急起直追，他相信自己有實力、有毅力，可以「推打」出獎牌人生。最令我們難忘的是他的桿弟林盈君，也是身為潘政琮默默支持的另一半。她無聲地陪伴，給予政琮最大的精神鼓舞，從兩人對望的眼神，我們明白一加一大於二的安靜力量，潘政琮「堅持到最後一推」，也永不放棄的歷史鏡頭，不只推出自己生涯黑馬的亮眼品牌，也激勵許多力爭上游者的追夢之心。

◆舉出力與美，讓世界看見台灣

郭婞淳是一直被看好的金牌選手，無論是里約奧運抑或是東京奧運，同樣在賽前就被全民賦予期待。殊不知，甫出生就面臨體重過輕、臍帶繞頸驚險局面的她，未來會是台灣舉重界，把舉重項目以曼妙身影烙印在全民腦海中的女力士。在舉重場上，郭婞淳打扮摩登時髦，她自認舉重項目是力與美的結合，舉重靠的不是蠻力，反而是智慧與力量協調。曾因為家境困蹇、父母離異，她像折翼天使般徬徨過，但是體育圈的溫暖留住了她的身影，這裡的教練、同學都給她愛與希望，即便曾因嚴重受傷，一度萌發退出舉重場域，幸好一路有許多貴人扶持與協助，讓她學會與其哭喪著臉，不如用微笑來展現自己的自信與成就。

婞淳以挑戰自己的心態，果然成為第一位在東奧為台灣奪下金牌的「舉重女神」。

她石破天驚地一舉，不只舉出台灣運動的榮耀，更舉出逆風飛翔的生命奇蹟，她站在頒獎台上，耳際傳來國旗歌的音韻時，這一幕震撼無數台灣子民的心扉。或許，自己辛苦過、跌倒過，舉重女神婞淳常常化身助人大使，默默行善，讓許多和她同樣遭受到命運擊打而無助的運動後輩，因為她的行善付出，而獲得「雪中送炭」的人情溫暖。一位人美心善的舉重冠軍，不只讓全世界看見「台灣女力」堅毅不拔的精神，更屹立不搖地高舉屬於生命勝利的桂冠，同時證明自己是不向命運低頭的「漂亮寶貝」。

◆ 高手的修煉，走向卓越之路

對二〇一六年就位居世界羽球第一的球后戴資穎而言，她要學習的不是贏的套路，而是與失敗當朋友的平靜。曾在球場跌痛過的是輸球經驗，甚至被酸民稱為「無冕后」，但她用強大的心理素質面對質疑的聲音，邁向高手的修煉之旅。小戴知道：人生中總是在不斷的嘗試中前進著，好與壞都是前進英雄之路的過程。相信自己就能累積更多贏的本錢，成為世界級的卓越的球后。這次資穎抵達東奧，所有的球迷就在期待她的賽程公布，每一場粉絲們都緊盯螢幕，無時差地享受小戴精湛的球技，看她以迅雷不及掩耳的揮拍速度，輕鬆結束比賽的俐落球技，讓所有人看了都大呼過癮。

大家對她奪冠的高度，讓小戴即便壓力爆棚、身體因過度練習而疲憊，甚至膝蓋早已是傷痕滿布，她依然一派輕鬆、點頭應允。她從不讓球迷知道——高強度的訓練，讓她身心也承受頗大的負荷，但她明白：奧運金牌不只是為自己而戰，也是為台灣的光榮而戰。因而，小戴在冠軍賽，幾次落後，又急起直追，永不放棄的拚搏精神，讓無數觀賽的台灣人民都被她堅毅的態度震撼到淚灑「觀賽場」（螢幕前）。面對逆局，小戴咬牙苦戰的態度，讓她堅持到最後一刻，才願意放盡力氣。面對失望的結局，小戴仍感恩地說出：謝謝羽球，讓我擁有了大家。聽到小戴的說話，我的心底有驕傲，也有些心疼，小戴在東奧最後得到不完美的銀牌，反而是她羽球生涯贏得觀眾尊敬與掌聲的重要代表作——這就是運動家雖敗猶榮的實例。

◆堅持到底，成功不必在我

東奧的掌旗官是網球一哥盧彥勳，歷經十多年，盧彥勳在無數網球場上奔馳拚搏，為的就是盡其在我，不留遺憾。網球是盧彥勳一生懸命，從未懷疑的摯愛職涯。但當他在採訪時說出：「願以二十年職涯，換回爸爸在身邊。」這是多麼匪夷所思的說法。原來，盧彥勳人生最大的遺憾，就是十七歲那年，代表國家出國比賽，父親因心肌梗塞驟逝，他卻趕不及見到父親的最後一面，親人永隔的痛，也是心中最深的遺憾。

這個無法再見「一面」的心靈傷口，讓他每每想起，總是有著很大的失落與哀慟。這次東奧是他人生最後一場賽事，即便戰到最後一秒，仍無法打響勝利的號角，但是盧哥在網球場上的堅持與努力，卻是所有球迷心中的第一名。最令人難忘的是，在高雄氣爆事件，盧彥勳把自己球賽的獎金全數捐出，低調行善的彥勳，那份天生傻勁與慷慨解囊的身影，都深烙在球迷心底，無法磨滅。盧彥勳從沒忘記自己拿起球拍就會忘我的網球生涯，即便要封拍了，他仍是那個「堅持到底，成功不必在我」的台灣網球英雄。

◆孤獨原色，勇敢前進的力量

曾是世界桌球排名第三的「桌球教父」莊智淵，第五度前進奧運，就是想圓一個桌球家的夢。莊智淵總給人獨來獨往的孤狼形象，殊不知他可是對流浪狗關懷備至的超級大暖男。他從不羨慕別人身邊簇擁著人群，也不願在自己身上貼上桌球一哥的標籤，他總覺得低調努力，靠自己就能做的事，就不要額外地麻煩他人，智淵總是隻身一人就能把事情辦得很妥當。

雖然，智淵習慣與孤獨共處，但對於提攜桌球場的後輩，卻是不遺餘力。二十多年來，他始終與獎牌緣慳一面，這是英雄壯志未酬的唏噓與惆悵。這次，在桌球團體賽時，球迷卻看見莊智淵用著前輩的桌球魂，帶著林昀儒堅定地走向桌球的賽場。莊智淵從未忘記自己熱愛桌球的初心，他打的不是球而已，更是孤獨自持的原色，他總是帶著奮戰的運動家精神，打好打滿每一場球賽，因而贏得所有人的敬重與喜愛。

◆ 初生之犢，滑出世界金牌

出生大阪府松原市的西矢椛，私底下就是天真可愛的國中小女生，沒想到竟是創下日本在奧運比賽最年輕奪牌的紀錄保持人。認真研究，滑板文化起源地美國，還常被貼上莫名的負面標籤。但七歲的她，一接觸就愛上這個運動，爾後更是瘋狂地練習街式滑板。在父親的鼓勵與支持下，她和家人一起觀看影片，自學尋求新招、討論意見，哥哥更是她滑板的啟蒙陪伴者。而且兄妹兩人相互切磋，讓彼此的技藝更精湛。她喜歡滑板這項運動的狂熱，已到了廢寢忘食的地步。在練習的過程，她認為高手的穩定度很重要，同時，抗壓性也要特別強大，因此，即便賽間有失誤，都要學習沉穩地面對，不到最後關頭，誰知冠軍會「鹿死誰手」？憑藉初生之犢不畏虎的姿態，她不只會滑出金牌人生，也成為日本年紀最小就奪得冠軍的奧運選手，真的英雄出少年，前江後浪推前浪啊！

◆ 奪冠萌菜，被跳水耽誤的編織高手

英國萌翻全球的「跳水王子」Tom Daley，疫情期間，靠著打毛線紓壓，甚至巧思大發地在ＩＧ專頁分享他的編織作品，且協助公益募款。這次，飛往東京，在奪冠的過程中，他靠著祕密武器——打毛線熬過緊張的賽事。他不只在

選手村織收納袋，也坐在休息區，邊編織邊提升賽時的專注力，趁機舒緩肅殺的氣氛與忐忑的情緒。鎂光燈總是拍到他冷靜淡定的態度，溫暖迷人的笑容，殊不知過去的 Tom Daley，曾陷入痛苦又糾結的心情黑洞。他曾因性傾向而遭受言語的攻擊，周遭的霸凌。直到，他找到對自己性別的認同，期待用「愛」消弭人我的歧見，他放下心理的傷，找回自信的人生。帶著一捆捆的毛線，織出自己絢麗生命的新頁，也同步為剛出爐的金牌織作「美袋」！陽光大男孩走過傷心的前塵往事，邁向燦爛的嶄新人生。Tom Daley 的故事讓我們知道：每個人都值得擁有真情相伴的生活，奪冠萌菜用行動證明：我的專屬人生，只需要對自己負責。

推薦書單

・《長勝心態：贏家不是一時得勝，卻輸掉人生！成功是慢慢存、可持續終生的行動》，凱絲．畢曉普，商業周刊。

- 《學會「曼陀羅計畫表」，絕對實現，你想要的都得到》，原田隆史、柴山健太郎，方言文化。
- 《專注，是一種資產：七件事練習法，打造富足的精神資本》，柚子甜，遠流。
- 《別讓世界定義你》，何則文，遠流。
- 《每一天，都是放手的練習》，梅樂蒂．碧緹，遠流。
- 《活出你的原廠設定》，蘇予昕，方舟文化。
- 《最棒的一年》，麥可．海亞特，遠流。
- 《從1%的選擇開始，去做你真正渴望的事》，艾莉森．路易斯，天下雜誌。
- 《男人的愛情研究室》，Mr.P，時報出版。
- 《郭婞淳：舉重若輕的婞念》，郭婞淳、葉士弘，天下文化。
- 《生活中，選擇留下合適舒服的人》，謝雪文，時報出版。
- 《人生有所謂，決斷無所畏》，唐心慧，聯經出版公司。
- 《過度努力》，周慕姿，寶瓶文化。
- 《費德勒：王者之路》，克里斯多夫．克拉瑞，商周出版。

- 《我父親。那麼老派，這麼多愛》，蔡詩萍，有鹿文化。
- 《不是我人脈廣，只是我對人好》，吳家德，麥田。
- 《造局者：思考框架的威力》，庫基耶、麥爾荀伯格、德菲爾利科德，天下文化。
- 《引導孩子說出內心話》，澤爸（魏瑋志），如何。
- 《再抱一下》，汪培珽，愛孩子愛自己。
- 《每道人生的坎，都是一道加分題》，莎莉夫人（Ms. Sally），如何。

15 互動合作力：從四季尋詩趣學寫詩

◆找回學習語文的意義

曾有許多學生這樣問過我：當初為什麼選擇中文系當第一志願？是一顆熱愛語文的初心躍動？還是天生對文字自然的熱情，還有對文學獨有的靈犀？我也說不上來，那種被文字海包圍的感覺，是舒坦？是溫暖？是廣袤無涯？還是安心？只能說生命好像有了如光的指引，讓你有了方向可以依循。

但是，成為了老師之後，我比較大的挑戰是：如何讓學生和我一樣喜歡語文、親近語文……若想把過往學習語文的經驗「複製」到學生身上，孩子們的排斥感應該會滿大的，尤其學習的世界天寬地闊的，也不只有語文的選擇。一方面，希望孩子在語文課，學會利用語言溝通促進思考、學習新知，也期待他們透過文學探索自我，與人溝通，和世界有效連結。這點吳媛媛《思辨是我們的義務》曾提及相似的觀點與論述。

如何奠基學習語文的基石，也從自身經驗出發，為孩子設計有感、有趣、有限、有用的跨域語文課？同時，有效結合閱讀素養，落實教學評三合一的課程設計，精準對應學習目標與多元評量（含學習單），讓評量能實際提升學生要加強與補足的知能，因而，評量不能是分數的競逐，而是協助學生在每個學習目標上盡可能地「達標」，讓學生從好奇開始，在課程體驗過後，能進行評鑑反思的歷程。

◆走近詩意，與詩人重逢

不同世代詩人的作品，為我們帶來想像世界的多種面向，漫遊在詩句裡——或許，你理解詩人的理解；或許，你不理解而希冀更走近他；或許你只是享受驀然邂逅的當下，內心被詩句激盪而起澎湃心情。

從圖書館經營者的身分來思索，四季館展的主題構思、籌辦、執行，以及活動課後的深層反思，今年以「四季尋詩趣」為布展主軸，為走進圖書館的孩子，留下中學生活與一首詩邂逅的溫柔。

「是誰傳下這詩人的行業／黃昏裡掛起一盞燈」，燈向來給人一種溫暖的感覺，也讓人對未知充滿希望，一如生命有詩，它像個解方。詩意讓生活躍過低谷，詩意抓攫某些被遺忘的感動。今年在疫情的限制下，期待透過詩人的詩心詩情，溫潤心靈，走過師生在不可預期的悽惶時刻，有被安頓與慰藉的機會。

從課內詩人文本為始，搭配新課綱提及的十九大議題，鼓勵學生從生活詩意，詩意生活，擴闊閱讀的視域，同時，也邀請聯合文學雜誌總編輯王聰威進行「四季尋詩趣」的總策劃人，為丹鳳師生，進行詩人策畫與布展的專業指導。

同時，邀請台灣優秀的詩人林達陽、凌性傑、楊佳嫻各自選兩首詩製作完整的詩人作品集，將詩作的各句拆開，分散布置在圖書館各樓層，且不標示詩人名，讓學生能夠透過實際的走動收集詩人詩句，將拆開的詩句代碼寫入學習單內，感受一首詩組成的歷程。詩句布置方式多元，可用易拉展放置於地上，或可懸掛於天花板上、抑或是印於牆面皆可。同時，採購詩人詩集，讓班級能夠一起閱讀，也進行詩人詩作授權，邀請詩人進行線上及實體講座，讓圖書館四季十三區，觸目所及都能遇見詩人的作品，從中薰染創作的靈感與繆思。

◆穿越疫情，線上談詩找詩情

疫情期間，先透過線上開幕的儀式，讓參與活動的師生能各自利用課餘時間進館與詩句互動，進而發現詩，創造詩。一如詩人王聰威說的：世界觸目所及，都是天地送給我們感知生活與創作的詩意。

最特別的是，我們以「台港四校學生」線上討論方式，以現代詩人鄭愁予、席慕蓉、蔣勳、余光中、海子等人的作品，作為分組討論的基底，讓學生能輕鬆參與詩歌鑑賞，觸發對詩的內在情感，透過台港學生課前閱讀文本，進行異地交流討論，線上課程的體驗引發學生學習現代詩的興趣。讓好詩能穿越疫情的限制，在詩人詩情的鑑賞討論中，看見學生對詩作精準的評析，以及詩人為他的生活帶來的新觸發與心體驗，從線上台港學生分組深度討論、同儕合作學習的景況，因為台灣學生精采的互動、彼此合作，讓經典詩作從延伸思考開展，並進入他們真實的生活情味之中。猶記一個美麗的畫面，那是台港學生在討論自己最喜歡的詩句時，彼此激辯，為喜愛的詩人捍衛，來來往往之後，不只更理解詩人創作的動機，雙方在恍然大悟的愉悅聲中，悄然讓詩情在線上不斷蔓延開來。以一首詩為出發的旅程，因孩子的笑靨開懷地綻放了，因為互動而理解與尊重對方的思考，達到一加一大於二的合作效益，即便對於何謂最好的詩，最後也沒有標準答案與共識，但美的觸發卻在我們的生命被啟迪了。這不只是學習寫詩的知識和技能而已，更是生命影響生命，學生與詩人致敬的自剖。

◆ Hi，你也在這裡等我？

開學疫情漸緩，利用每班自選時間，走向詩情共賞的時光，讓館內詩人作品與書籍帶領師生悠遊美麗的詩句裡，讓各班能啟動實體「四季尋詩趣」的課程。學生可以自由在布展的詩句中穿梭移動，就像在以書構成的城鎮裡遇見詩的塗鴉。接著，學生進行移動後，拿出詩句卡，抄錄一句最有感的句子送給自己。學生亦可和喜歡的詩句拍照，自行上傳至臉書或ＩＧ。當學生透過身體的移動，眼睛的搜尋與創意的激盪，讓學生運用各種感官，真切地體驗一首詩「從無到有」的完成。

善用圖書館的布展資源，讓學生能夠在日常生活與詩人邂逅，找到如何發現、汲取、採集、提煉詩？又如何編織、鍛造詩？當學生體會到與詩相遇，不只是靜態地欣賞而已，讀詩與寫詩都是現在進行式，讓學生從中擴展創作的想像力。同時，運用自製的VLOG影片，了解詩人生平、詩作簡單創作動機，配搭三層次的提問引導，明白詩句意象的連結，沉浸於詩句吟詠的音樂節奏聲中，讓身體的移動記住詩句，感受到詩人細膩地描繪時空鋪張、人物形象，當你被濃縮凝鍊的詩句觸動，讓彼此都覺察世界之美，成為書寫自我生命的詩人。課程進行到最後尾聲，就能自由地讓學生領取詩人卡，從散落的詩句裡，採集自己喜歡的詩句若干，組合成喜歡的一首詩，並訂定主題，抄錄於文青詩人卡內，並懸掛於詩人牆，與同學分享自行創作小詩的美好體會。

「四季尋詩趣」透過詩人小冊、尋詩學習單，深化讀詩、尋詩、寫詩的尋詩層次，生活的詩意都是美麗的相遇，透過閱讀、布展，讓詩人在圖書館再次與我們重逢。生活因為有詩，而有了生命的解方，看見青春熱切活在靈魂的存在。

「四季尋詩趣」課程，不只汲取詩人寫作的靈犀，啟迪內在靈動的心靈而已，透過遊戲、闖關元素的融入，進而提升學生的互動合作力。從自己到全班，從全班到全校，大家一起體會讀詩到尋詩，尋詩到寫詩的過程，得到詩人無聲傳心地指導，帶來人生嶄新的啟發與哲思。就像作家陳浪說的：「堅持做一件事，有時候比改變更困難。」閱讀故事每天都在靜默地敘寫著，浪漫的詩心詩情，點綴季節最美麗的流光，讓我們都成為有詩意、有故事的人。

推薦書單

- 《微小記號》，王聰威，木馬文化。
- 《島語》，凌性傑，麥田。
- 《蜂蜜花火》，林達陽，三采。

- 《金烏》，楊佳嫻，木馬文化。
- 《周夢蝶×漢樂逸【書盒套組】（兩冊）》，周夢蝶、漢樂逸，漫遊者文化。
- 《吳晟詩選》，吳晟，洪範。
- 《瘂弦詩集》，瘂弦，洪範。
- 《鄭愁予詩集Ⅰ、Ⅱ（平裝）》，鄭愁予，洪範。
- 《無怨的青春》，席慕蓉，圓神。
- 《池上日記》，蔣勳，有鹿文化。
- 《余光中美麗島詩選》，余光中，九歌。

輯三

新課綱時代素養閱讀

學習是一輩子的事，如何時時保有旺盛的學習動機與熱情？持續走在自發主動的學習旅程？與人溝通是一生的課題，如何讓別人明白你的明白，理解你的理解？尤其在資訊爆炸的時代，我們該如何篩選真正的知識？新課綱時代，如何透過跨領域的閱讀，學習辨認正確的知識與訊息，是刻不容緩的素養。

16 閱讀，鍛鍊身心肌力

閱讀是一條學習的途徑，讓你因為理解世界而通往更自由的天地。有人喜歡心靈雞湯系的勵志書籍，它讓人讀來內在療癒，感覺舒暢，猶如暢飲厚奶茶，讓你一啜就飲得正面能量，讓你瀰漫在被同理的幸福氛圍。有人喜歡毒雞湯書系，面對負能量會讓人想逃跑，他卻主張勇於面對，幫自己找情緒出路，你在那裡跌倒，不一定要在那裡爬起來，反而要快點離開原地，重新在擅長的領域開創你的新天地！無論你喜歡「暖書系」抑或是「冷書系」，蘇格拉底說過：「我唯一知道的事，是我不知道。」閱讀讓你看清問題的真相，甚至給予你找答案的選項，不致讓你像大海撈針，不知何去何從？同時，閱讀也會讓你更親近真實的自己，找到自己喜歡的生活，捍衛存在的價值，活出自己喜歡的姿態。

◆練習說不，人緣會更夯——《我也不想一直當好人》

你不需要被發好人卡，你要的是：找到快樂健康人際祕方。《我也不想一直當好人》，乍看書名，顛覆過往自己對人溝通的想像和思考。從小，父母和我談的是溫柔敦厚，老師也要我保守自己的心，時時走在善良的尺度上。但是，為什麼置身校園、進入職場後，還是會出現讓你筋疲力竭的關係？即便你拚命釋出善意，暖心給出彈性，甚至為彼此的情面留後路，他還是讓你在這段關係感覺很心累、很痛苦、很無言，甚至讓你倍感厭世，想要自我放逐。這本書讓你發現問題所在，同時也接受自己要學著說「不」。

很孤單地一個人吃飯，因為你被排擠了；很寂寞地一個人做事，因為你被討厭了。朴民根幫助三千人重整關係，韓國高人氣心理諮商師，他強悍地要我們思考：如何在生命「只留下對的人」，其他的，就勇敢地讓他「出團」。原來，迎合他人不會帶來友情，只會錯畫善良的底線，你可以溫柔，但也要堅決切斷假關係與負情緒，練習說「不」。我們「拒絕」隱忍，放下輸贏與面子，把時間花在對的人身上，建立真誠的人際關係。同時，讓情緒自量表檢測人我的情緒指數，找到正確的人際對話方式，並從書中實例進行情境模擬，讓你在真實生活找回做自己的信心，也提升人我互動與應對的能力。

◆ 在灰燼裡開出一朵花——《我微笑，但不一定快樂》

當我們對著傷心的人說：「不快樂要說出來，被討厭要說出來」時，為何他／她的眼底閃過一抹陰鬱，嘴巴閉得更緊密了。說出來，感覺很簡單，為何在某些時刻，它又會是如此艱難的事？安靜的蒼涼，喧囂的孤獨，陷入鬱境的朋友，我們要如何做才能讓他的生命轉換顏色場景？作家高愛倫「看」起來總是微笑著，為何內心還會流淌「憂鬱」的浪潮？作者透過文字記錄歷經的鬱境，內心的獨白，真實坦露與自己和解的一百八十天：臉上掛著笑容的人，並不一定人生就晴朗，或許，他更需要有人傾聽，期待有人明白他的心事。《我微笑，但不一定快樂》讓我們知道：憂鬱症到底是什麼？如何選擇適合自己的醫師？為何不可以任意停藥？陪伴者的角度和心態，要如何保持高度正確？原來，幫憂鬱的朋友打氣，繞遠路的溝通，會讓他的情緒比較好——陰影的背後是光，如何讓他／她與時光同行，如何讓內心被鞭笞的暗黑與痛苦，漸漸找回快樂的笑容？同時，重拾健康，回歸美好生活，我們都可以做得更專業與尊重。

◆ 職場就是現實人生——《功勞只有你記得，老闆謝過就忘了》

到底哪一本書會讓我紅筆一直畫不停？眉批一直寫不完？當我還會被酸言酸語打擊得玻璃心碎滿地，表示我的實力還不夠強大，因為「不公平」早已是職場常態，人生長吁短嘆也不能解決問題，你到底要如何做才能當上「職場紅牌」？

明明每個人都只有二十四小時，為什麼他可以提前達標，贏得老闆歡心？當你認為他的升遷與得寵都來自特權時，你為何不想想：主管為何不給你這個特權，說穿了，你就是不夠「亮眼」。不服氣現況，不如思考自己手上可掌握的資源？當你認為被主管賞識提拔，就是「特權」時，何不思考：這個特權又為何只給他，卻無法給你？是不是他們都擁有不能被取代的「優勢」，他們被命運眷顧的原因：是不是願意比別人更勇敢地踏出第一步，他的先見之明，令人讚佩。同時也比你更有耐心去堅持到最後的恆毅者。

即便拿一手爛牌，你還願意找出辦法拚下去，誰能不被你感動？

當你積極博得各種人脈、資源，誰能不向你親近靠攏？

黃大米《功勞只有你記得，老闆謝過就忘了》書中的文字，讓人自省身處的職場，必須建立強者心態——弱者求公平；強者求特權。與其喊著不公平，不如努力地讓自己手上的籌碼變多，實力變強，人脈變廣，生氣無法改變現實，不如學著黃大米提出的「化打擊為祝福，找出自我紓困」的方案，讓自己活在被命運眷顧的一方。

◆學習就是複利投資——《就怕平庸成為你人生的注解》

從《飄移的起跑線》到《就怕平庸成為你人生的注解》，歐陽立中四個字成為學生口中的網紅名師。一位不教你等待歲月靜好，卻要你盡力擺脫平庸的老師，到底會是怎樣經營自己的人生？他教書、他寫爆文、他教桌遊、他還打籃球，他眼裡有光，看見教書之外還要教會學生思考人生，他心裡有火，他讓孩子學習的熱情燃燒起來，他告訴孩子：雖然每次努力不一定能獲得公平的結果，但努力過後得到的回憶，最是刻骨銘心。我喜歡立中書中滿滿的正能量，刷夢想的卡就要認真去實踐、用心去償還；他用閱讀投資自己，他用真心擴展人脈，擁有社交紅利，他的國文課會讓學生學會為自己的專才業配、讓古人引領他們為青春做成功的注解，拒絕平庸，就可以成就更好的自己。你會經驗歐陽立中猶如熱血金句產出機的文采，你也會明白他用閱讀打造「知識鏈」，鍛鍊學習的肌肉，讓自己面對人生問題也能輕鬆駕馭，如何做個放手卻不放任的老師。

◆ 哆啦A夢的任意門——《OSSO～歐美近代史原來很有事》

《OSSO～歐美近代史原來很有事》要闡述的不只是離我很遠的歐美近代史，更多的是，腦補自己人生沒有思辨過的議題：只會玩撲克牌，卻不知道撲克牌裡的四張老K各個有厲害的來頭。搶著要戴上「聖人」的高帽，卻不知道沒有羅馬教廷官方認證，所有的「聖人」通通都算是盜版山寨貨。原來，我最崇拜的騎士形象，其實都被柔焦過，真正的樣子會讓你「搥心肝」。賺人熱淚的笛卡兒情書，印證想像很浪漫，真相很骨感。我們常聽到：「人類唯一從歷史中學到的教訓，就是沒辦法從歷史中學到教訓」，而這本書表面上寫的是歐美近代史，但我看出吳宜蓉文字底下，蘊藏的人生哲思。史料的書寫，要如何做到有趣、有料、有哏，淺顯易懂的文字，接地氣的口吻，帶進歷史思辨精神：如何看待自己與歷史？如何從歷史長河思考現在，想像未來？課本沒教的知識，引發腦內風暴，這猶如核爆似的，讓我對歐美近代史的想像整個打掉重整，時間軸線清晰了，人物與空間的移動恍若3D動畫在眼前走了一回，他們曾經都是Nobody，因奮不顧身地堅持自己的信念、想法，最後成為歷史的Somebody。

◆鍛鍊學習的肌肉——《青春微素養》

真實的人生不像戲劇，可以事先寫好結局，但青少年生命導師蔡淇華主任，教你如何從工具、方法、動力、態度四個面向去擘畫，讓你看出有些事雖沒有固定的答案，卻能讓你邁向更好的自己。世界雖然殘酷，走在青春的航道，透過三十六個有效心法，讓自己成為負責的大人——我到底是誰？我為何要學？為何要工作？淇華主任不只要教你邁向卓越人生，也讓你從失敗中學習堅毅，找到由內而外的真素養。你看見，奮不顧身的青春是燦亮的印記；你記錄，熱淚盈眶的故事是青春的惦念，想成為十項全能的跨域人才？

擁有蔡淇華主任的《青春微素養》會是自主學習時代最理想的致勝經典。蔡淇華主任不只有系統、有策略地教你為自己打造潮品牌，還讓生活不只有想法，也能找出好辦法，真誠地教導我們成為整合知識、技能與態度，習得青春微素養，並且捍衛人生的價值，向世界好好地說話的「全才」，以及未來如何越過難關，Level Up 的青春故事。

人生就是這樣，可以在自己喜歡的事情上遲到，但不能因為害怕遲到就乾脆曠課……人生就是這樣，可以繞遠路，找目標，但不能因為犯錯就逃跑。利用閱讀開闊自己的視野，為身心肌力找到鍛鍊的計畫，同時，也帶來改變的美好火花。

或許，面對現實人生，不是捱個幾下痛，忍一忍就能過去，生活如何重新開始？閱讀讓你身心肌力學習會「負重」，「抗阻」的能力，不同面向的自我訓練，讓你因練習閱讀的次數、頻率變高，就能達到自我設定的人生目標，長保熱情邁向不凡的人生。

推薦書單

- 《我也不想一直當好人》，朴民根，聯經出版公司。
- 《我微笑，但不一定快樂》，高愛倫，聯經出版公司。
- 《功勞只有你記得，老闆謝過就忘了：化打擊為祝福的30個命運翻轉明燈》，黃大米，寶瓶文化。
- 《就怕平庸成為你人生的注解》，歐陽立中，天下文化。
- 《OSSO～歐美近代史原來很有事》，吳宜蓉，平安文化。
- 《青春微素養》，蔡淇華，親子天下。

17 變身企業主的時代，你可以從閱讀開始

三毛曾說：「讀書多了，容顏自然改變。許多時候，自己可能以為許多看的書籍都成為過眼雲煙，不復記憶，其實它們仍是潛在的。在氣質裡，在談吐上，在胸襟的無涯。當然，也能顯露在生活和文字中。」閱讀其實只有一個單純的初衷，就是活成自己的人生品味——清新風、文藝味、職場強人、專業人士……你可以透過閱讀找到自己生命的學習典範，他們為你的前進之路帶來生命解惑的良方，你會發現作者們「讀懂」你的人生方向，陪伴你一起找到更好的自己。

因此，怡慧老師就大膽地思考：新課綱時代，課室中天賦各異的學子，期

待各行各業的作者幫他／她打開一扇學習之窗，無論是在升學的路上或未來職涯，能務實地為自己重整實力，或在即將到來的假期，讓自己過著隨興但不盲目，自在卻不恣意的充電時光，好好傾聽內在的需要，不論在飲食、睡眠、學習各方面，都可以設定全新起點，做足衝刺，向下一階段認真地準備。

◆ 談判是你未來要研究的新課題

我們都知道表達力很重要，會談判的人強調說服的邏輯。當老闆接受你的提案，強者得靠什麼祕訣？當你想多要點投資籌碼，得說什麼才不會被資方拒絕？當你想在情場春風得意，得說什麼話才不會變成登徒子或渣男形象？看來談判高手，還真的需要全方位的修煉，不只要有理性思辨，還要有讓對方點頭稱道的實力。

還有，我們都知道，談判不一定要全贏才算成功控局，有時候，輸反而是替自己製造下一次談判的破冰契機？談判是一種人脈投資，談判也能創造彼此雙贏，談判更可以突破人際僵局，重整新局。同時，談判需要一派讓人放心的聲音，不同的環境，你必須運用同理的語氣及言辭，讓你說什麼都能討人歡心，同時也強化自己可以把話說好，把人做正的談判形象。

推薦書單

- 《頂尖名校必修的理性談判課：哈佛、華頓商學院、MIT指定閱讀，提高人生勝率的經典指南》，麥斯·貝澤曼、瑪格里特·妮爾，先覺。
- 《周震宇的聲音魅力學：聽懂弦外之音、用對聲音裡的9種力量》，周震宇，天下文化。
- 《質感說話課：言語的溫柔力量，是送給自己和他人最美的禮物》，潘月琪，遠流。

◆你要有創業家的高度和態度

如何創造出全世界最好的工作？其實你可以靠自己去探索。如果，從小就有創業家思維的孩子，他知道為什麼要學習？學習的意義是什麼？把「創業」當成生活的終極目標，自然看世界的角度會截然不同。創業家需要有冒險的精神，從一人公司開始，經營好自己的品牌，你就可以幫自己和他人獲利。在學期間，你可能需要為創業做好準備，學習提升數學力，你可以考量未來開業獲利的機率，開業的成本，還有社交紅利等面向去評估。校園可能是你建立事業的起點，離開校園、保有各項人際優勢，會讓你的創業夢有「複利」實現的可能。

同時，寫作力的重要也是讓你學習利用文字快速讓產品攫住顧客眼球的機會，你在社會科學習得的經濟、行銷等策略，讓你明白網路經營的時代，鐵粉就是公司的資產。一個想為大家打造三贏的企業主，懂得以小博大、懂得賦權與賦能，學會衡量機會成本，擁有利他、利己、利社會的創業家精神，文字和數字、社會人文都是你創業資產的重要能力。

推薦書單

- 《如何創造全世界最好的工作》，謝文憲，商周出版。
- 《暢玩一人公司》，于為暢，遠流。
- 《直播主不能說的秘密》，武傳翔（武老千），遠流。
- 《別輸在只知道努力》，許詮，高寶。
- 《20個字的精準文案》，淺田卓、劉愛夌，三采。

◆與眾不同的你特別有情有味

我們常用「做自己」來作為逃避現實的藉口，真正的做自己是堅持到底，勇於挑戰。他們比別人更懂得離開舒適圈的時機，自己得要有多少把的刷子才能應付變局，他們從來不會任性，反而比別人更有韌性，他們從來不會為自己留退路，直到夢想到手才會放手。正視自己的與眾不同，為「做自己」的堅持而快樂地拚搏，不只熱愛生命，投注工作的熱情讓他面對挨打卻從不軟弱。優秀是靠自己學習而來的，絕對不是天生注定的，知道自己期待的模樣，長成合格的大人，即便歷經孤獨，也不甘於平庸，他們都善於傾聽內在的聲音。

關於愛情、友情、親情、人生，做自己的人專注在寫生命的故事，表達助人利己的真實聲音，在享受做自己的自由之時，也做好自律不影響他人的底線。成長的傷口常常是邁向堅強人生的印記，他們都懂得與內在的傷痛和解，也理解每個人的選擇是做自己的宣誓，他們同樣給予別人做自己的支持與敬重。閱讀是「做自己」的籌碼，前人的閱歷、智慧讓我們不敗給「我執」，反能跨出思考的盲點，不用因摸索而失焦，更能堅定自己的「人生方向」。

推薦書單

- 《致無法拒絕長大的我們》，宮能安，時報出版。
- 《離開以後，你有沒有更自由》，Middle，三采。
- 《前面有什麼？》，張仲嫣，麥田。
- 《與世界一起散步》，蔡詩萍，有鹿文化。
- 《親愛的，別害怕與眾不同》，張瑋軒，悅知文化。

◆追求思辨從史地底蘊開始

我常和學生聊天，他們會狐疑，學史地人文的意義是什麼？對我來說，為什麼宋代要這樣吃？唐代要這樣玩，清代要這樣鎖國？每個皇帝為什麼領導風格差異那麼大？一個不上朝的皇帝竟可以讓國家平安無事二十年？史地人文的迷人處是，一個戰役成功的抉擇和哪些智慧與選擇相涉？用人選才的機制要如何設定才不會偏頗？千古風流人物為什麼只有他和她可以被記錄下來？憑藉什麼本事才能被歌功頌德，不會消失在歷史長河而被遺忘？

我不談以古鑑今，而是喜歡從不同的人物、國家地景，和學生談生命的選擇，項羽當年不在烏江自刎，歷史會不會改寫？李清照為什麼可以在男性書寫的時代「出線」？古人生活為什麼過得比我們浪漫？庶民的生活智慧，對自然的敬畏，難道不是天人合一的智慧？

「台灣菜」竟能隨著歷史變遷而被重新定義或有不同味道傳承下來。從台灣飲食史來談食物生產與消費，這種味蕾與歷史的跳躍結合，也讓人拍案叫絕。至於手繪的地景旅行，從在地文化、生活特色、看出人民思想的躍遷。地形與飲膳會影響一個國家的宇宙觀，土地難以抹滅的傷痕，卻培養人民樂觀堅毅的情韻。我要說，喜歡思考的你，把歷史地理當成閱讀的起點，你會對生活有新的體會與澈悟，甚至有「相見恨晚」的感覺喔！

推薦書單

- 《旅繪台灣》，林致維，馬可孛羅。
- 《古人原來這樣過日子》，王磊，麥田。
- 《台灣菜的文化史》，陳玉箴，聯經出版公司。
- 《尋找台灣味：東南亞X台灣兩地的農業記事》，地理角團隊，左岸文化。
- 《瓜地馬拉手繪旅行》，Peiyu（張佩瑜），聯經出版公司。
- 《爆料商周：上古史超譯筆記》，野蠻小邦周，遠足文化。

◆攀登人生之巔，「轉大人」的修煉

放假最讓人氣餒的是，不只沒有把握時光吃好睡飽、事情做好、還陷入日夜顛倒，作息紊亂的局面。放輕鬆還是可以進行正常的作息排程，做自己時間的主人，正向心理學讓你改變習慣，做出反省不是自責，從尋找出方法為自己的生命解套開路。當你準備好設計一個獨一無二的假期計畫表時，每天只要花六分鐘寫下來計畫，重視成長的微小成就，假期就會是重整的契機，甚至是攀登人生之巔的機會，若能善加掌握，你就能脫胎換骨，見證自己「轉大人」的神奇蹟！

你可以變成主廚網紅，圈粉看你做菜；你可以變成 Long Stay 高手，讓每個人在你設計的旅行中，思考跨越的意義，得到真正的超越體驗，還可以在真正放空的時候，找到操控你行為的主導者，竟是你體內的科學。從基因、微生物、激素和環境來深究，它們都影響你的喜好與選擇；快樂原來是可以刻意練習的，從每天改變自己的小事，看見自己逆轉人生的勝利曙光，轉大人的修煉從善用閱讀時光開始累積吧！

推薦書單

- 《我，為什麼會這樣？》，比爾．蘇利文，臉譜。
- 《6分鐘日記的魔法》，多明尼克．斯賓斯特，方智。
- 《好吃38：採集日常，台灣滋味！醬料、香氣、食材、味型》，好吃研究室，麥浩斯。
- 《無毒家事。輕手作》，郭姿均，天下雜誌。
- 《你這一生要努力的，就是活成自己喜歡的樣子》，王詩雨，發光體。
- 《你怎麼過今天，就怎麼過今生》，詹姆斯．沃曼，先覺。
- 《花森安治的設計書》，花森安治，悅知文化。

◆老師出書，要送給讀者什麼人生禮物？

歐陽立中老師要你有膽識，為生命刷下名為夢想的信用卡，這張無形的卡片，需要你奮力償還才能逐夢成功，還清「卡債」。蔡淇華主任幫你成為新課綱的課堂實踐家，他要你從學習到待人處事，他要你從時間管理到人生規畫，提早籌畫，早日幻身成十項全能的斜槓青年。林佳樺老師從自己的生命經驗與你對話，失落的童年、尋家的歷程，面對無光的時刻，如何從脆弱到堅韌，同時發現靜默也是強悍活著的宣示。

宋怡慧老師為什麼要把學測必考的十二位古人重新爬梳，讓孔子變成教育圈的網紅，讓孟子變成奇葩說的冠軍擂台主，讓李斯變成老闆身邊的暖暖包，讓李後主變成文學沙龍的雅痞皇帝，古人當年的思潮如何變成今日新世代的浪潮，古人有料有情的才學，如何幫助自己解決ＡＩ時代的生命問題？穿越時空和古人做朋友，原來是很潮的選擇。

你可能很想當一位好作家，但是不懂如何寫篇有感的文章；你可能很想當最夯的知識網紅，但你還找不到為自己說書定位的亮點。林明進老師教你蹲好馬步，做好基本功，笨作文的步驟明確，教你這樣寫，那樣寫都很上手到位，輕鬆成為自媒體。至於，凌性傑老師透過文學啟蒙你、開啟你美學的窗扉，日常都瀰漫文青風格。性傑老師精選的文章篇篇都可以，讓你好好過日子，而且過好日子，找到尋常日子的大智慧與大跨越。就讓這幾位老師陪著我們一起學習，一起思考人生——要怎樣經營才會活成自己專寵獨享的人生吧！

推薦書單

- 《當時小明月》，林佳樺，有鹿文化。
- 《國學潮人誌，古人超有料》，宋怡慧，麥田。
- 《起步走笨作文》，林明進，天下文化。
- 《另一種日常：生活美學讀本》，凌性傑、范宜如，麥田。
- 《九歌108年散文選》，凌性傑，九歌。

閱讀恍若為我們進行系列企業主生涯的培訓課程，作家猶如堅強的顧問群，讓我們投資自己、融入自己生涯規畫的閱讀，讓我們也善於經營自己的人生，從書單出走，親自去實踐、認真去體驗，擘畫一個屬於自己的企業主時代，風風火火地即將啟動。文字感動心底最溫柔的深處，同時也改變你的思考方式，堆疊出屬於自己的人生美麗的閱讀流光。

18 從素養書單到生活實踐之旅

疫情時代無法利用假期出國，卻可以在長假期間，為自己設計一個「從素養書單到生活實踐之旅」的閱讀計畫，所謂盡信書，不如無書，所以，邊閱讀邊思考，邊思考邊探究，邊探究邊建立自己的人生價值觀。

學習是一輩子的事，如何時時保有旺盛的學習動機與熱情？持續走在自發主動的學習旅程？與人溝通是一生的課題，如何讓別人明白你的明白，理解你的理解，透過各種不同媒介，辯證正確的知識與訊息。最後，人是群體的動物，你無法離群索居，因此，做好多元議題的全面理解，有助於人際交流與互動，並在知識的輸入之後，完成自我實現與社會參與的知識輸出，也就是服務助人的善意流轉模式。

兒時曾聽老師說過：「過客不須頻問姓，讀書聲裡是吾家。」和同學浸潤在書聲琅琅中，對於生命的真義雖是懵懂，但那份愛書的童心，卻讓我能在未來行旅的道路中邂逅閱讀的風景，有書相伴的生活，也是邁向「用書打怪」的實踐之旅。

◆ 培養身心素質與自我精進的能力

如果，期待孩子們能夠從認識自己、探索內在自我，並找到激勵自己自信心的支持，善用理性思考來面對人生的困境，無論晴雨人生，都能做好情緒管理，學會積極進取的面對未知的挑戰，他們必在尋找「我是誰」的旅程中，逐步確認自己的人生目標，奉為可力行一輩子的人生價值。同時，願意走在不斷自我學習以及規畫自我人生的路上，成為一個成長型思維的人。從習慣到學習，從學習到情緒，從外在到內在，這六本書可以讓大家突破難關，找到自我精進的力量。

推薦書單

- 《原子習慣：細微改變帶來巨大成就的實證法則》，詹姆斯．克利爾，方智。
- 《一個人，你也要活得晴空萬里》，角子，平裝本。
- 《你可以生氣，但不要越想越氣：停止情緒化思考、不再與對錯拔河，從此擺脫「地雷型」人設！》，水島廣子，仲間出版。
- 《可是，我就是會在意！：給人際玻璃心，看透自導自演內心戲，停止煩惱的無限放大》，和田秀樹，方言文化。
- 《以為時間久了，我就會沒事：大腦會記住小時候的委屈、孤單和傷心！說出憋在心裡的痛苦，突破無法解決的關卡》，催光鉉，大樹林。

◆培養系統思考與解決問題的能力

如果期待學生能夠具備系統思考跟解決問題的能力，選擇適當的學習方式，讓他習得面對問題先進行理解、分析、推理、批判與後設思考的素養，接著再進入反思、行動，不斷找到有效處理的方式，並學會透過系統思考，逐步解決生活及生命的問題。從認識大腦到翻轉思維框架，面對日常的學習、考試，甚至睡眠，都有一套可掌握的關鍵，讓你的大腦持續升級，瞬間掌握問題解決的祕訣，戰勝困難，閱讀是重要的渠道。

推薦書單

- 《大腦這樣記憶，什麼都學得會》，喬許．弗爾，天下雜誌。
- 《無限賽局：翻轉思維框架，突破勝負盲點，贏得你想要的未來》，賽門．西奈克，天下雜誌。

- 《拆解考試的技術：輕鬆高分錄取的黃金學習頻率、讀書筆記技巧》，趙胤丞，電腦人文化。
- 《為什麼要睡覺？：睡出健康與學習力、夢出創意的新科學》，沃克，天下文化。
- 《超速學習：我這樣做，一個月學會素描，一年學會四種語言，完成MIT四年課程》，史考特．楊，方智。
- 《有錢人想的和你不一樣》，T. Harv Eker，大塊文化。

◆ 培養規畫執行與創新應變的能力

如果期待學生能夠具備規畫執行與創新應變的能力，並且能形成探究以及發展自己的多元專業知能的系統，充實個人的生活經驗，也發揮創新的精神，以因應整個社會快速的變遷。有系統規畫的思維，才能增進自己的彈性適應力，進而增進自己的創新應變力，學會從「獲取資訊」到「運用知識」的真正體現。面對ＡＩ時代的來臨，從練習的量化到質化，從心理學看待身邊的神隊友，從科學的視角來看待生活與人際，並以玩出無限人生的彈性力，展現我們應變危機的軟實力，閱讀可以幫助我們壯大自己，創造更多有效的經驗，引導他人繼續創造知識。

推薦書單

- 《刻意練習：原創者全面解析，比天賦更關鍵的學習法》，安德斯．艾瑞克森、羅伯特．普爾，方智。
- 《自己的力學：找到喜歡又做得好的事》，洪瀞，圓神。
- 《人類使用說明書：關於生活與人際難題，科學教我們的事》，卡蜜拉．彭，網路與書出版。

・《人生有限，你要玩出無限：在個體崛起時代，展現「一軍」突起的軟實力》，歐陽立中，悅知文化。

◆培養符號運用與溝通表達的能力

如果期待學生能夠具備符號運用與溝通表達的能力，並在面對生活各種符號包含語言、藝術、文字、肢體及藝術、山水花卉、動物昆蟲、空間意象等符號時，可從中理解深意，並進行有效地表達、溝通，那麼，我們可以讓他們接觸生活中各種符碼，打開各種感知，因此，看似抽象卻與日常生活息息相關的符號，就能與我們生活互通，再加上學生，若能善用就能與人際進行良好的互動表達，從中了解與同理他人，觸發日常生活的新意。引領我們走向有感互通的美感人生。

推薦書單

- 《老屋顏與鐵窗花：被遺忘的「台灣元素」——承載台灣傳統文化、世代歷史、民居生活的人情風景》，老屋顏（辛永勝、楊朝景），馬可孛羅。
- 《通往世界的植物：臺灣高山植物的時空旅史》，游旨价，春山出版。
- 《談情說愛——古人超有哏》，宋怡慧，平安文化。
- 《我家就是深夜食堂：4位人氣料理家只在這裡教的私房食譜75道》，安倍夜郎、小堀紀代美、坂田阿希子、重信初江、徒然花子，新經典文化。
- 《曲盤開出一蕊花（書＋CD）：戰前臺灣流行音樂讀本》，洪芳怡，遠流。
- 《孤島通信》，宋尚緯，麥田。

◆培養科技資訊與媒體素養

在社群經營與自媒體盛行的時代，如果期待學生能夠具備善用科技、資訊、各類媒體的能力，自由地掌控科技，並從中學習分析、思辨、批判人與科技、資訊及媒體之間的關係。從過去到現在，以及快速接軌未來，如何培養倫理及媒體識讀的素養，實現自我的新價值，網路平台帶來高效益的流量與聲量，以及從中鏈結雄厚人脈，最後仍是期待我們用科技，不被科技所囿，走在通向「真知灼見」的知識之道。

推薦書單

- 《超人氣FB＋IG＋LINE社群經營與行銷力：用225招快速聚粉，飆升流量變業績！》，文淵閣工作室，碁峰。
- 《注意力商人：他們如何操弄人心？揭密媒體、廣告、群眾的角力戰》，吳修銘，大和書報。
- 《個人品牌獲利：自媒體經營的五大關鍵變現思維》，李洛克，如何。

- 《向下扎根！德國教育的公民思辨課7──「過濾氣泡、假新聞與說謊媒體──我們如何避免被操弄？」：有自覺使用媒體的第一步》，克莉絲汀・舒茲─萊斯，麥田。
- 《唐鳳：我所看待的自由與未來》，丘美珍、鄭仲嵐，親子天下。

◆ 培養藝術涵養與美感素養

如果期待學生能夠打開五感，具備藝術感知、創作與鑑賞的能力，對於藝術文化，美感素養的向下扎根，向內探索相形重要。透過生活美學的觸發與省思，汲取生活或文本豐富美感的實際體驗，培養自己對所處環境美善的人、事、時、地、物，進行內在心靈的連結，從中進而賞評、建構與凡塵殊異的美學世界，並以各種形式、途徑，與他人分享自己對美的覺醒與觸發的面向，更是閱讀直入美好雲霄的「台階」。

推薦書單

- 《我的老台北》，張大春，新經典文化。
- 《山教我的事》，沈恩民，游擊文化。
- 《文學少年遊：蔣勳老師教我的事》，凌性傑，有鹿文化。
- 《向夕陽敬酒：生命深秋時的智慧筆記》，王浩一，有鹿文化。

◆培養道德實踐與公民意識的能力

如果期待學生具備道德實踐的素養，需要從生活的小處著手，漸進式地培養學生的公民意識，透過議題思辨與行動的論證，與不同議題探討法律和道德之間的關係，釐清與理解人與人相處的界線，外拓到與人相處，工作職場，甚至是參與關懷自然生態與人類永續發展等社會活動，展現知善、樂善的社會交際與行善的社會責任感與品德力，閱讀其實就是黑暗中通往善良之途的一道亮光，引領我們敞開胸懷，熱愛人群，成為吟唱美善頌曲的歌者。

推薦書單

- 《誰偷走了他們的青春：24年的法庭輪轉人生 一部活生生的法稅教材》，趙凱昕、張美盈、于毅聖，正大出版。
- 《我所嚮往的生活文明》，嚴長壽，天下文化。
- 《懂得藏起厭惡，也能掏出真心：30堂蹺不掉的社會課》，郝慧川，方智。
- 《新編古典今看》，王溢嘉，有鹿文化。

◆培養人際關係與團隊合作的能力

有人說：「如果你想造一艘船，不是告訴他怎麼蒐集木頭，而是引發他對海洋的渴望。」面對社會快速變動，當我們常常提及「英雄淡出，團隊勝出，」的觀點時，卻被人質疑：如何提供優勢，合作劣勢，創造趨勢？那就讓他們渴望「海洋」，接受挑戰吧！如果期待學生具備善意的人際關係與良好的互動關係，如何進行有效溝通，突破他人的心防？如何多元調和各方意見，懂得洞察人心？重新認識自己與他人，建立理解尊重的團隊合作模式，這些善於與人合作的作家，從他們的人生智慧去學習就能讓我們的努力被看見，同時，也能連結他人的合作熱忱和自信，一起走在合作的旅程，點燃彼此對工作的希望之火。

推薦書單

- 《減法理財術，人生大加分：樂活大叔最暖心法總整理》，施昇輝，有鹿文化。
- 《公園遊戲力：22個精彩案例×一群幕後推手，與孩子一起翻轉全台兒童遊戲場》，王佳琪、李玉華、還我特色公園行動聯盟，聯經出版公司。
- 《人性鍊金術：奧美最有效的行銷策略》，羅里．薩特蘭，天下文化。
- 《趣味心理學原來是神隊友：10秒鐘人生助攻教室》，10秒鐘教室（Yan），大田。
- 《從習慣洞察人心：學會識人術，解決人際關係的所有煩惱》，林萃芬，時報出版。

培養多元文化與國際理解的能力

全球化時代來臨撲朔迷離的變局，每個人都生活在多元文化的社會裡，如果期待學生具備認識理解不同文化的差異，可先從認識全球不同的生活方式，在經濟面、文化面、社會面等建立同理包容的連結，學會尊重與認同文化間的差異。順應時代關注世界議題及國際情勢，立足在地，接軌國際，不只要擁有國際移動的視野，還要有和全世界當朋友的國際素養，才能成為世界地球村裡的世界公民。

推薦書單

- 《漫畫的厲害思想：1960-80年代日本漫畫的嶄新想像》，四方田犬彥，奇異果文創。
- 《只有一半的真相：為什麼科學看不到全貌？》，布拉斯藍德，天下文化
- 《2030世界未來報告書：區塊鏈、AI、生技與新能源革命、產業重新洗牌，接下來10年的工作與商機在哪裡？》，朴英淑、傑羅姆．格倫，高寶。
- 《徹底圖解世界各國政治制度：一次搞懂5大洲23個國家，一手掌握全球動向》，Condex情報研究所、串田誠一，遠足文化。
- 《一分鐘大歷史：從地理大發現、世紀瘟疫到車諾比核災，160個改變世界的關鍵事件完全圖解》，珊卓拉．勞倫斯，電腦人文化。

19

念書工作都實用！從重要性、急迫性歸納四大閱讀清單

你會不會有這樣的困擾？明明很想進行手上的閱讀計畫，看到專家列出琳琅滿目的書單之後，依然猶如大海撈針似的，不知該如何下手。然後，又把閱讀的念頭擱著，擱著擱著，一個月過去了，兩個月過去了，我們的閱讀行動還是無法劍及履及，勢在必行。

那麼，下定決心，做好時間管理，重新調整生活作息，培養閱讀習慣讓閱讀變成自己的日常。透過學習與閱讀投資自己，保持奮進的心，找到有效的執行力，那麼，就可以邁向「閱讀人」的自學階段。

萬事起頭難，找對方法，才能事半功倍。首先，你可以利用郝明義《越讀者》

的閱讀四大分類，輔以時間管理矩陣圖，兩者相互配搭，進而思考自己的閱讀需求：

重要不急迫（美食） 成長型書單，主要是根據自己設定生涯規畫、人生方向，進行中長期能力躍遷的書籍。	**重要又急迫（主食）** 實用型書單，主要是提供我們工作、學習、時間管理、解決當前問題的書籍。
不重要不急迫（娛樂） 娛樂型書單，主要是讓閱讀變成自己休閒的一部分，按照個人喜好與興趣的書籍。	**不重要急迫（蔬菜）** 工具型書單，主要是在進行工作或學習時，協助自己查證確認、無法理解的關鍵理論或是概念。

◆重要且急迫

面對沉重的考試壓力，學子要怎麼透過閱讀加分，讓自己學得又好又快呢？從學習做筆記、自我接納、為什要學習，這些急迫又重要的議題，在文字的浸潤下，慢慢爬梳學習與情緒管理的方法，找到走在熱愛學習、有愛有情的旅程。

因此，可以提供給大家的書單有——

一、卡片和筆記

過去我們在做筆記的時候，是不是常有一種困擾？無論你用什麼厲害的圖表，之後想要把所學的知識和新訊息加入筆記進行連結，相形變得好困難。申克．艾倫斯《卡片盒筆記：最高效思考筆記術》讓我們做筆記變得很有彈性，你可以把每一次學習有用的知識記錄下來，它成為未來進行寫作或發表時，重要的素材，甚至讓你更有效率地去建構自己完整有系統的知識庫。

作者扎實又新穎的卡片筆記策略，幫讀者解除大腦額外的負擔，讓思考清晰可見，同時，也更益於我們組合相互關聯的概念筆記。你還在擔心找不到如何把知識從輸入到輸出的祕訣嗎？這本書絕對是你最好的筆記策略術之一。

二、知識複利

AI時代，如何把個人的創意與思考轉化後的知識，透過知識複利的方式為自己與他人生涯帶來正向的聯結與效益？同時，也能對社會產生有影響的價值擴散？《知識複利：將內容變現，打造專家型個人品牌的策略》書中提及的：如何讓外圍的「關注者」，變成忠實的「追隨者」？原來，我們需要價值拓展策略。記得有人說過：這是一個「團隊合作」的時代，當我們提供愈多自己的優勢，不只助人利己，也創造共好的影響同時帶來複利的合作關係。透過自己不斷地深化與學習，知識不只變成個人的力量，也在商業思維的POEM法則助益下，透過數位媒介工具，提升個人品牌的經營，也讓知識變現，從創作者變創業者，影響力擴及出去。作者深入淺出地敘寫，提供好用可實踐的方法：「IPAD法則」「BAR」及「CTA」法則，讓讀者能清楚掌握知識複利的精髓，成為下一位知識複利打造者。

三、**羞辱創傷**

周慕姿《羞辱創傷：最日常，卻最椎心的痛楚》提到：某些創傷的記憶有一種很深的痛楚，你難以說出口。它讓你無法愛人，也無法被愛，這稱為「羞辱創傷」。作者的這段敘述讓人憶及兒時，總是恐懼英語課背書接力賽的活動，只要被點名，腦袋一片空白自己並非沒有準備，而是很難克服在眾人面前精準地「背書」。那陣子，我常在惡夢中驚醒，我甚至害怕上學，我不想要在同學面前出糗，更不想被老師貼上標籤，但是，即席背書真的是我的罩門。最難過的一次是，全班都過關了，輪到我，卻囁嚅著無法完成任務。我這樣站了一節課，同學也會揶揄我，為什麼不讀書，明明這一段真的很簡單……

或許，有些事看似簡單，對於某些人真的是登天之難。老師嚴厲的眼神，同學不解的嘲笑聲，都讓我對學習有著很大的恥感和痛苦感。幸好，我的母親總會鼓勵我：都是媽媽的錯，她的英語程度也很差，可能是「遺傳」的關係，所以沒學好，真的不是你的錯。不是你的錯，說了一遍、說了兩遍、說了無數遍，我開始相信：我可以好好面對，找到竅門也慢慢學好它。謝謝慕姿的文字，讓我和學生沒闖過的人生關卡，也漸漸在她溫暖的文字中被療癒了，漸漸走向復原的自我悅納之途。

四、那些學校忘記教你的事

《那些學校忘記教你的事》人類是極其細膩敏感的動物，我們會受到外界人事物的影響，產生害怕、恐懼、執念、憎恨等負面情緒，若想邁向更好的生活，我們得要先處理自我探問、掌控「情緒維度」、斷捨「有毒關係」等議題，但如何面對且培養情感素養的方法，學校卻沒有教會學生，包含面對失敗，找回自信心，克服膽怯，找回自信。這本書集結二十一堂人生必需學會的課程，以人性化的方式提供讀者找回自我天賦與創意的訣竅，避免在情緒、人我關係、愛情、夢想、志業等重要的環節，因為無法掌握關鍵而不斷地重蹈覆轍，學校要教的除了課程內容，讓我們培養技能與態度之外，也要更宏觀地帶學生思考未來世界即將面對或是要解決的事情。給予適當建議。

◆重要不急迫

青少年正處於奠定自我價值，站在職涯選擇的十字路口，如何從家人親密關係到建立良好人際關係，出走與回歸的意義，都會是我們關注且常實踐要經營的議題。因此，可以提供給大家的書單有——

一、真確

到底哪一本書會被首富比爾．蓋茲選中？甚至，史無空前地推薦它，使其成為送給全美大學生的禮物？它為什麼可以給你一個強大的世界觀，讓你思考變得清晰？漢斯．羅斯林《真確：扭轉十大直覺偏誤，發現事情比你想的美好》透過說故事的技巧和解析數據的方法，帶領我們成為有溫度也有見識的學習者。我特別有感的是：有些事儘管牴觸我們的直覺認知，儘管顯得絕無可能，卻仍然真確。帶著懷疑的濾鏡，透過邏輯思考，抽絲剝繭地看到更真實的世界。

二、〇〇使用說明書

讀過黑川伊保子《老婆使用說明書》、《老公使用說明書》之後，是不是對作者詼諧有趣卻精準分析的內容拍案叫絕呢？喜歡發呆、磨蹭的兒子，是因為他是理科先生腦？作者從老婆、老公的視角，移至母親的角度，他先從男性的大腦與女性的大腦來進行剖析，讓許多和兒子溝通有些小門檻的母親，可以讓兒子感受到母親與家人的愛。這是一本母子一起讀的書，原來你沒讀懂兒子的內心戲不是你的錯，因為你和他看世界的角度本來就不一樣。我特別喜歡作者要母親們欣賞兒子的「心不在焉」，並學習「視而不見」，這是給兒子成長的空間與同理。兒子讓母親感受愛的時間比女兒慢，這和他的生理成長曲線也是有關的。我想邀請青少年來讀一讀——自己是不是被擊中心扉而瞬間被秒懂了，還是看完後，你也有話要說：作者呀！和我來一場「兒子說明書」的論辨吧！

三、我在地球的奇異旅程

火星爺爺《我在地球的奇異旅程》就像他當年 TED X Taipei 演講一樣，讓所有閱聽人內心盈滿正能量。我特別感動火星爺爺說的：如何把限制活成無限？端看你的思維高度。他感謝那些協助他的生命天使，並把這些能量化成「雞湯」文字，讓我們從中感受到人間處處有溫情，我們缺乏的是看見美好的靈犀之眼。

就像愛瑞克曾說的：現在所有的壞事最後都會變成好事，如果你能從中感受到命運給你的試煉，藏有更深遠的祝福，你就能成為自己生命的主宰，不受任何人的羈絆，任何事件的困擾，完成走向做自己的自由。我喜歡這本書傳遞的美善概念：你也可以啟動你的複利，為自己創造豐盛。

四、朝聖

《朝聖。旅人和他的文學座標》是如何兼顧讀萬卷書和行萬里路？八十張著名文學場景的照片，讓你找到起而行的欲念。旅行常常是找到出走的意義，它不只擴展新知，也讓你學會同理尊重，學會解決問題的能力。有人說：旅行最大的挑戰是未知，還有旅途中的突發，但，那又是旅行最大的收穫與迷人之處，甚至讓你重溫這段旅程，心靈依然會微微地悸動著……。當時的你正與地景、人物激盪永恆花火。有人把這本書當成旅行提案，有人把它當成與作家邂逅的祝福，有人因為這本書體會向經典致敬的奧義，甚至把所列的作品，帶到當地重新讀一次，感受一次，當時作者創作的靈光與地景的所在。華盛頓州的福克斯與《暮光之城》的美麗場景、西班牙塞戈維亞與《戰地鐘聲》的現場，這本書完美地帶著讀者翩然來到文學的地景裡，婆娑起舞。

◆不重要但急迫

在學校很多學生都會進行小論文或專題研究，這時候，可能會千頭萬緒不知從何下手。然而，有的作家從自然觀察、市場觀察、海洋觀察、旅行報告等不同面向，給予我們多樣的閱讀觀察及書寫的養分。這讓正困於研究盲點的我們而言，這類書籍恍若有光的支持。因此，可以提供給大家的書單有：

一、孟買春秋

《孟買春秋：史密斯夫婦樂活印度》史密斯夫婦以外派記者敏銳的觀察視

角與濃郁的人道關懷，搭配國際化的視角，透過生動且具有畫面感的文字，讓我們從這對夫婦檔在印度酸甜苦辣的四年寒暑，描繪出喜悲交織的印度生活。

印度的天氣很熱情，一如百姓生活的千種風情，從他們精湛的文筆出發，你恍如也踅了一趟印度的街巷市集。同時，透過喬伊斯與伊斯蘭王子伊格保的相遇與相處，更是讓你品啜更多元富饒的印度情味。他們融入當地的文化與生活，讀完這本書好像耳際也迴盪著寶萊塢華麗印度歌舞劇的曼妙音韻，讓你莞爾一笑中感受到印度溫柔又單純的生活況味。

二、魚夢魚

二十多年來，廖鴻基引領無數讀者走入湛藍海洋，被鴻基老師細膩雋永的筆觸，不知不覺地往湛藍大海更深處慢溯。這次《魚夢魚：阿料的魚故事》，作者化身成說書中的「阿料」，為讀者訴說五十二篇瀰漫神話氤氳的故事，並「以夢航行」為小說主軸，援引多元豐富的意象，從「廖鴻基」到「阿料」，從陸地到海洋，「魚夢魚」的故事編排在四節之中，讓讀者跟著廖鴻基，以魚身的視角去體驗海洋的世界，人魚變形的故事——「魚背包」是個玄妙的橋梁，讀著乘著奇幻的羽翼翺翔在似真似幻的魚海世界。故事讀來有自在自由的想像，也有黑色幽默的調性，你會體會到純真無瑕的時刻，也浸潤在難以負荷的現實沉重。

生命看似磕磕碰碰的，卻也在某個地景、某些時刻，被你救贖的光帶領到更好的地方，一如「魚事件」不只改變了阿料，從中也改變了人類的生活。

三、菜場搜神記

《菜場搜神記》是一個不下廚的女子蘇凌創作的，她為什麼可以整日流連在庶民聚集的菜市場？她想在這個有魔力的地方書寫什麼特別的體裁？當你看到：「欲問市間情為何物，請進，菜市人生場！」你真的被逗笑了吧！她只記得要從容自若地揹著相機兜兜轉轉在市集裡，卻忘記自己要帶錢包才能消費。

愛上菜市場，因為這裡有人情、有奇物、有歡語、有笑聲。她用鏡頭、筆墨記錄她所愛的菜市場，讓她精神抖擻、神采飛揚。從三十一處菜場開始書寫，市場內的神隊友們，將為我們勾勒出那些奇聞軼事，砧板變成一幕幕的人生舞台：肉舖老闆堪比莎士比亞；原來，麵包要慢慢吃，因為吃麵包不只是吃情調，也是品人生。

四、十六歲的荒野課

《十六歲的荒野課》作者彭永松是位熱愛曠野著力自然教育的「猴子老師」，醞釀許久的環境關懷，一部屬於台灣田野觀察的作品，也是送給十六歲孩子自然觀察的禮物。他帶著讀者從自然帶給我們的信息，讓我了解荒野，從消失的生物系列，讓我們換位思考，找到與自然共處的解方，超過十萬字的書寫，他想創造的是相互理解後的彼此走近與疼惜。

精選的四百多張照片讓我們看出自然目前的困境，如何透過行動從困境中找到改變的契機？它是一本專為年輕學子書寫的自然文本，提供一個從島外看島內的荒野，以及在島內看島外的荒野的N種可能，同時，也提醒我們必須擔負起人類對自然的責任。

◆不重要且不急迫

這類的書單應該是個人興趣或是性向為主的快樂書單，看似不重要也不急迫，卻帶給我們閱讀的快樂。閱讀也可以是輕鬆自在，沒有任何目的，讓你悠遊在文字帶來的片刻清明，享受閱讀的獨享時光。因此，可以提供給大家的書單有——

一、家常好日子

我一直很喜歡從食物的記憶，透過味覺把遺忘的歲月慢慢找回來。因而看到佐以回憶，往事揉進書寫的書籍總是格外欣喜。韓良憶《家常好日子》讓我在閱讀的時光中，梭巡到香氣氳氤與熟悉身影重疊的畫面，有些酸澀與甜蜜，親族間連結的是某些藏著家人之愛的味道，我喜歡書中傳遞而來的信息——因為家常，都是好日。

二、六個說謊的大學生

喜歡驚悚懸疑元素的讀者，《六個說謊的大學生》會攫住你的眼球，小說內容以日本六位大學應屆與在學生的求職經歷為主軸，你會在詭譎多變的情節裡，發現你對人性果然是遊走在無知和未知之間，你已知的職場現實漸漸失去善意，面對好與壞，對與錯，你無法在短暫人際互動找到真實的答案。你以為的公平不是公平，你認為的正義不是正義，我們存有的善心卻在生存的求職叢林中，有可能崩壞或是失去。作者想傳遞的是：你怎麼想像世界，世界就怎麼想像你。

三、在樹下傳達神諭的貓

《在樹下傳達神諭的貓》內容提及七位對生命存有疑惑或生活遇到困擾的人，不約而同地來到這間神社，他們幸運地邂逅了一隻左側臀有星星記號，被稱作「神籤」的貓兒。這隻神奇的貓會透過一片葉子，讓有緣之人透過它傳達「神諭」，而找到生命的答案。或許，我們都多多少少和他們一樣遇到生命的亂流，或是走在迷霧之中，這本書處處都滿溢溫柔的文字，彷彿為你的人生點盞心燈，讓你找到重整的力量，偶爾你會粲然一笑，偶爾你會泫然欲泣，但是能遇見這本好書就好像被上天祝福似的，解了憂、除了惑，頗為療癒與溫暖。

四、彼岸花盛開之島

旅日作家李琴峰《彼岸花盛開之島》是榮獲日本「芥川獎」殊榮的絕對好書，也是作者對人類歷史進行深度反思的書籍。彼岸花具有象徵意涵，既是減緩疼痛的痲醉劑，也是可加工為毒品的駭人之物，讓我思考許多環境、事件的本身也具有光明與黑暗的兩個面向。書中描寫一名漂流到彼岸花盛開之島的少女，在島內生活，從陌生到熟悉，描繪許多栩栩如生地風土民情，其中最特別的是，她發現在這裡存在的「女語」傳統，它是有年紀的女性才由資格學習的語言，也是島中歷史傳承的形式。

男性是被排除在學習「女語」之外的。作者想處理的議題有語言、國界、文化、性少數等。李琴峰以虛構、科幻的元素來設計小說情節，讓讀者進入一個與世獨立的女性桃花源，同時促發讀者能開始認真思考：過往的歷史從母系社會到父系社會，我們習以為常以男性視點與思維書寫的文本，如今是不是有機會從女性觀點、視域、邏輯來探看：一個不同社會多元價值的可能性。

五、明治小說便利帖

章蓓蕾《明治小說便利帖》讓你漫步在時光的長廊，從文豪筆下的場景，包含食、衣、住、行、物，讓讀者看見明治時代生活的細節與文化底蘊。從「單衣、給衣」你窺見女性的社會地位以及勞苦的人生，從吃食、裝束、居住、物事、場所，看見明治時代生活的情韻，從小說還原文學家描繪的書寫細節，你明白即便時代遞嬗，文字蘊含的美好，依舊能豐富我們的生活，只要破除新舊時代的閱讀隔閡，就能體會穿越時空的驚喜。因而我們可以從作者的各種插圖，有趣的視角，從吃食、裝束、居住、物事、場所五個面向，更愉悅地進出明治小說家的真實與虛擬世界。

千里之行，始於足下，期待讀者能從四大類書單，尋找到自己目前的閱讀需求，並從閱讀書單的增刪，進而完成自己專屬的閱讀計畫。閱讀恍如蒲公英，隨著知識的風，帶著我們看盡天地大有大美的風景，同時，讓我降落在愛的沃土裡，找到人間有情的幸福。閱讀是安靜的內在革命，它能擴大自己的視野，突破制式的思考框架。期待大家從為自己擬定閱讀書單為始，不斷地走在成長型思維的學習路上，讓我們擁有充實又快樂的閱讀新時代。

推薦書單

- 《越讀者》，郝明義，網路與書出版。
- 《卡片盒筆記：最高效思考筆記術》，申克・艾倫斯，遠流。
- 《知識複利：將內容變現，打造專家型個人品牌的策略》，何則文、高永祺，遠流。
- 《羞辱創傷：最日常，卻最椎心的痛楚》，周慕姿，寶瓶文化。
- 《那些學校忘記教你的事》，人生學校，方舟文化。
- 《真確：扭轉十大直覺偏誤，發現事情比你想的美好》，漢斯・羅斯林、奥拉・羅斯林、安娜・羅朗德，先覺。
- 《兒子使用說明書：在你放棄和兒子溝通之前，請先看腦科學專家怎麼說》，黑川伊保子，時報出版。
- 《我在地球的奇異旅程》，火星爺爺，火星酷股份有限公司。
- 《朝聖。旅人和他的文學座標》，理查・克萊特納，出色文化。
- 《孟買春秋：史密斯夫婦樂活印度》，喬伊斯、菲爾，玉山社。
- 《魚夢魚：阿料的魚故事》，廖鴻基，有鹿文化。

- 《菜場搜神記：一個不買菜女子的市場踏查日記》，蘇菜日記／蘇凌，裏路。
- 《十六歲的荒野課》，彭永松，蔚藍文化。
- 《家常好日子》，韓良憶，皇冠。
- 《六個說謊的大學生》，淺倉秋成，采實文化。
- 《在樹下傳達神諭的貓》，青山美智子，春天。
- 《彼岸花盛開之島》，李琴峰，聯合文學。
- 《明治小說便利帖》，章蓓蕾，健行。

20 做好國際理解，從SDGs十七項永續發展目標開始

當我們以經濟成長為主要關注點時，是否有注意到：最近，巴西彼得羅波利斯暴雨成災，死傷超過百人，烏俄衝突讓全球油價、糧食、國際貿易受其影響，導致全球通膨加劇。全球年輕人在大城市買房的機會越顯不易，無論是全球氣候、國際情勢、人權、性別、貧富差距等問題，變成世界各國刻不容緩要解決的問題。

因而，二〇一五年聯合國宣布「二〇三〇永續發展目標」（Sustainable Development Goals, SDGs），包含十七項目標（Goals）、一六九項細項目標（Targets），是當前全球的熱門議題，也是各國未來發展的策略精神，我們從

中可看出其未來的前瞻性、全面性，更指引全球在環境、社會、經濟等面向，如何堅定務實地邁向永續發展的企圖心。同時，良好的方針也需要全球公民齊心努力，讓永續發展成為現在進行式的動詞，並在日常生活成為可實踐的信念與行動。當我們與身邊的人一起做好各項指標，積少成多、日積月累，就能為永續地球付出自己的力量，看到世界趨向公平與和平的願景。

首先，我們可以來思考 SDGs 十七項目標在其他國家他們制訂哪些策略來陪伴青少年達成指標，落實推廣的創意與學校實踐的歷程。例如：日本的校園營養午餐計畫、美國的醫療無人機，當年輕學子的發想，有機會加以落實，大家都有機會參與，都可以為永續環境盡力，解決全球正面臨的困境。

因此，我曾透過校內主題書展來推廣理念，並搭配相關課程與實際行動，從靜態閱讀到動態策展達到倡議的目的，把觀念帶入班級，未來變成行動實踐，應該指日可待。一如《寫給公民的40堂思辨課》，一群年輕朋友們透過社群平台，用心整理貼近公民生活的議題，讓我們對於身邊所處的環境，進行集體思考與激盪討論，不受事件表象影響，能帶著思考的濾鏡，讓問題得以理性解決。

那麼，我們試著從指標來進行「腦補」學習，從中獲得知能，帶著青少年一起實踐 SDGs 指標，花時間好好思考環境永續對我們未來生活的重要意義，進而從自己做起，善待我們眼前的世界，看見未來社會的願景，超越世代的理想社會，所有人都能活出自己更多的人生選項，而且實現在活得更好的社會裡。

◆ SDGs 目標一：消除各地一切形式的貧窮

盱衡全球局勢，讓世界不要有人餓著，讓每個人都有家可歸，目標在如何讓貧窮問題減少，讓弱勢族群得以受到更好的照護，實現孔子說：「老者安之，朋友信之，少者懷之」的理想。透過我們的努力，讓世界正處於貧窮、低薪的人們，因為社會福利的完善，法案的有效擬定與推行，得以找到每個人皆能獲取公平的權利，建立國家、區域、國際的妥善架構，加速消弭貧窮的行動。

推薦書單

- 《無家者：從未想過我有這麼一天》，李玟萱，游擊文化。
- 《貧困世代》，藤田孝典，高寶。
- 《街頭生存指南》，人生百味，行人。
- 《為什麼現在的我們對未來如此不安？》，松村嘉浩，時報出版。

◆ SDGs 目標二：確保糧食安全，消除飢餓，促進永續農業

二〇二二年的《科學人》雜誌有兩篇關於農業的文章，從〈生態農業翻轉不平等〉到〈從農場到餐桌，減少食物浪費〉，都是在探討永續生態農業的議題，同時也讓我認識美國農業化學家人稱「花生先生」（Peanut Man）的卡佛（George Washington Carver），他是有機農業運動的先行者，不只改變農業的

面貌，也讓土地得以永續經營。若能藉此讓青少年從愛惜食物、解決剩食等運動，認識食安、在地小農、公平貿易等議題，就能讓學生從身邊的食物和餐桌做起，讓食安、飢餓議題，得以被正視，共同打造永續農業的家園。

推薦書單

- 《食物正義：小農，菜市，餐廳與餐桌的未來樣貌》，羅伯·高特里布、阿努帕瑪·喬旭，早安財經。
- 《土壤的救贖：科學家、農人、美食家如何攜手治療土壤、拯救地球》，克莉斯汀·歐森，大家。
- 《食·農·給下一代的風土備忘錄》，楊鎮宇，游擊文化。
- 《明日的餐桌：愛食物、零浪費，生態綠創辦人帶你走訪世界食物革命運動現場，用吃守護地球，打造綠色食物生態系》，余宛如，果力文化。

◆ SDGs 目標三：確保及促進各年齡層健康生活與福祉

在西元二〇三〇年前減少全球新生兒及兒童的死亡率中，透過預防和治療減少非傳染性疾病及促進心理健康，從飲食、睡眠、運動到正念練習與情緒覺察，提升身心的健康指數，沒有健康的身體，很難有健康的心靈。有健全的身心，才能在充滿壓力與挑戰的生活中，找回快樂，發揮大腦隱性的力量，進一步為自己的人生找到幸福生活的目標。同時，也做好健康風險的管理，增加醫療保健人員的訓練。

推薦書單

- 《真正的快樂處方》，安德斯・韓森，究竟。
- 《烏托邦的日常》，葛瑞琴・魯賓，早安財經。

・《做自己的生命設計師》，比爾・柏內特、戴夫・埃文斯，大塊文化。
・《世界第一的R90高效睡眠法》，尼克・力特赫斯，如果出版社。

◆ SDGs 目標四：確保有教無類、公平以及高品質的教育，並提倡終身學習

學習是與生俱來的能力，如何透過教育政策的擬定、教學形式的創新，帶給學習者公平的教育選擇權？同時，在全球化時代，如何落實高品質的教育理念，營造終身學習的社會氛圍，讓每個人透過均等的教育而天賦自由，熱愛學習。但你知道：還有多少人處於失學的狀態？我們要如何減少教育的不平不公？疫情來襲，教學型態驟變，教育是否為學習者打開機會之門？透過教育新變革與各國案例的探討，可以讓學生看到未來教育的多元性與全觀性。

推薦書單

- 《天才的關鍵習慣》，克雷格．萊特，商業周刊。
- 《垃圾場長大的自學人生》，泰拉．維斯托，愛米粒。
- 《拚教養：全球化、親職焦慮與不平等童年》，藍佩嘉，春山出版。
- 《別做熱愛的事，要做真實的自己》，艾希莉．史塔爾，商業周刊。

◆ SDGs 目標五：實現性別平等，並賦予婦女權力

無論我們的「性別」為何？當我們不經意說出：「女生本來數學就比較弱吧？」、「家事應該是女生要包辦吧？」「年夜飯要在夫家吃！」聽到這些話語，你是否會思考：說話者有沒有可能帶有「性別偏見」的意識呢？從現代男性審美標準去思考女性形象是否趨向兩性平等？認真做出家庭和工作議題的觀察，

女性是否真的處於真正的平權時代？社會國家如何賦予婦女實質權力？無論性別，每個人都有免於被歧視的自由，這不能只是口號，而是應該落實於生活的行動，讓女性在政治、經濟、公共事務擁有對等權力，打造一個性平的友善社會。

推薦書單

- 《善良的歧視主義者》，金知慧，台灣東販。
- 《21世紀公民的思辨課：女性主義》，朱莉安娜．弗里澤，平安文化。
- 《不只是厭女》，凱特．曼恩，麥田。
- 《82年生的金智英》，趙南柱，漫遊者文化。

◆ SDGs 目標六：確保所有人都能享有水、衛生及其永續管理

水是人類生活中不可或缺的重要資源，地球可供人類飲用的水，其實不到百分之一，關於水資源與生態系統平衡，以及如何透過跨域合作，逆轉水資源不足的問題等，我們可以透過自身的行動與跨域合作，調整水資源管理政策。讓我們從改善水資源到珍惜水源，達到水資源保障再利用與平衡的實質作法。

推薦書單

- 《水資源的世界地圖》，大衛・布隆雪、歐瑞麗・勃西耶，無境文化。
- 《極度地球：你的小小行動，對世界有超級影響力！》，克里夫・傑福，和平國際。
- 《水資源戰爭》，莫德・巴洛、東尼・克拉克，高寶。
- 《中學生必讀的圖解科學教科書5發掘大氣和水的循環原理》，金泰鎰、洪俊義、崔後南、高賢德，臺灣麥克。

◆ SDGs目標七：確保所有人都可取得負擔得起、可靠、永續及現代的能源

我們都知道：綠色環保是降低資源浪費，如再生能源的利用、能源效率的提升等，那麼，最酷的藍色經濟又代表什麼意義呢？如果在地球生態平衡的狀況下，學習零廢棄的理念並執行，這樣是否可以仿效藍色經濟概念創始人剛特・鮑利，投入零浪費的生活運動的初衷，讓自己和生態更永續健康。原來，我們日常簡單的選擇，就能從生態系統與生活模式進行改變，找到「生活零浪費」的綠能生活模式。

推薦書單

- 《用再生能源 打造非核家園》，本間琢也、牛山泉、梶川武信，瑞昇。
- 《歐洲綠生活：向歐洲學習過節能、減碳、廢核的日子》，歐洲華文作家協會，釀出版。

・《隨手：資源回收玩創意，生活中實踐環保和美學》，蘇偉馨，商周出版。
・《藍色經濟：我的零浪費小革命》，剛特・鮑利，天下雜誌。

◆ SDGs 目標八：促進包容且永續的經濟成長，讓每個人都有一份好工作

無論男女老少，當你能為自己的人生買單，就必須要先有一份適合自己性向、酬報無虞的工作，並能做好個人理財，才能有效地促進經濟成長。因而，在職場的選擇：從落實同工同酬的平等待遇，逐步找到工作的快樂、成就與意義，漸漸地走向自我實現的職涯，我們可以帶著青少年去想像未來工作的型態、可創新永續的選擇，不框架自己的未來工作，就能擺脫無產階級的魔咒。

推薦書單

- 《工作哲學圖鑑》，村山昇，悅知文化。
- 《別在該理財的年紀，選擇放棄》，崴爺，博思智庫。
- 《不穩定無產階級》，蓋伊．史坦丁，臉譜。

◆ SDGs 目標九：建立有韌性的基礎建設，促進包容永續的工業，加速創新

全球以環境永續及發展為基礎，建設防災能力的安全運輸，透過區域以及跨界的基礎設施，支援國家經濟發展，促進人類的永久福祉，就像比爾蓋茲說的「維持一致的平台，也有助於改善產品支援」。例如，打造低污染或零污染運輸環境，進行減碳的運輸方式，建構便捷移動的交通網絡，營造綠色交通的潮流感與生活風格，讓城市慢行友善，同時落實永續創新的生活空間，例如智

慧校園、智慧園區等，也能使工業、科技持續邁向永續創新的境界。

推薦書單

- 《長壽新人生》，林達・葛瑞騰、安德魯・史考特，今周刊。
- 《向大師借點子：跟著偉大科學家、工程師與數學家這樣玩 STEAM》，麥可・巴菲爾德，碁峰。
- 《是設計，讓城市更快樂》，查爾斯・蒙哥馬利，時報出版。
- 《超工業時代》，皮耶・維勒茲，臉譜。

◆ SDGs 目標十：減少國內及國家間的不平等

當你知道「貿易戰」加劇全球各地的階級不平等，環視全球經濟與金融機構，國家該擬定消除歧視的決策，透過社會周全的保護政策，促進社經政治的融合與秩序。從消弭不平等開始，從中思考背後長期被標籤的身分、階級、種族等社會議題，我們該如何執行增稅，提高薪資，把錢花在窮人身上，以確保人與人的機會平等，國與國的界線平衡，讓世界大同的理想得以在未來實現。

推薦書單

- 《我們成了消耗品》，傑夫·魯賓，時報出版。
- 《當女孩成為貨幣》，艾希莉·米爾斯，臉譜。
- 《門牌下的真相》，迪兒德芮·麥斯葛，臺灣商務。
- 《房間裡的大象：日常生活中的緘默與縱容》，伊唯塔·傑魯巴維，早安財經。

◆ SDGs 目標十一：建構具包容、安全、韌性及永續特質的城市與鄉村

如果，我們居住的環境供所有人——包含婦女、孩童、老年人以及身心障礙者，在全面完善又安全的發展與規畫下，並落實綠色環保的信念，將加速促發社經與環境的正面連結。尤其可以緊密連結都市、郊區與城鄉之間的關係，達到相互共存共生的目標。一如藤本壯介說的：住在家裡這件事和住在大樹裡是相似的，自然與居所是合而為一的，無論你身處鄉間或城市，都能站在等高的視野上，住在更永續、更平等、更有品質的未來城鄉裡，這樣的畫面是不是很美好？

推薦書單

- 《好城市：綠設計，慢哲學，啟動未來城市整建計畫》，廖桂賢，野人。

．《我們夢想的未來都市》，五十嵐太郎、磯達雄，田園城市。
．《日本當代前衛建築：自然系》，謝宗哲，田園城市。
．《地方創生最前線：全球8個靠新創企業、觀光食文化，和里山永續打開新路的實驗基地》，松永安光、德田光弘、中橋惠、鈴木裕一、宮部浩幸、漆原弘、鷹野敦，行人。

◆ SDGs 目標十二：促進綠色經濟，確保永續消費及生產模式

當我們進入大量消費、工商生產活絡的時代，如何兼顧經濟發展與「永續消費」的理念，推動跨產業合作鏈結模式。進而透過預防、減量、回收與再使用，有效地整合能源、資源的循環與再利用，並兼顧社會的公共利益，讓永續觀光與在地就業等議題，得以解決，建設出共創與永續消費模式並行的經濟圈。

推薦書單

- 《寫給凡夫俗子的地區再生入門》，木下齊，臉譜。
- 《城市世界》，王志弘，群學。
- 《一支手機的商業啟示》，伊莉莎白・沃伊克，寶鼎出版。
- 《明天吃什麼：AI農地、3D列印食物、培養肉、無剩食運動……到全球食物生產最前線，看科學家、農人、環保人士在無可避免的氣候災難下，如何為人類找到糧食永續的出路》，亞曼達・利特，臉譜。

◆ SDGs 目標十三：完備減緩調適行動，以因應氣候變遷及其影響

當地球升溫四度，全球經濟每年將損失二十三兆美元。你看到這個數字，是不是嚇了一跳？一如比爾蓋茲說的：「當我們看到氣候變遷的問題，你應該

要思考的是：我們是否看到了解決問題的機會？」經濟成長和零碳創新是有交集的，從國家政策、企業行為，到個人行動，我們都可以為氣候變遷及其帶來的影響作出創新與應變的好策略。

推薦書單

- 《氣候緊急時代來了》，大衛・華勒斯—威爾斯，天下雜誌。
- 《氣候賭局》，威廉・諾德豪斯，寶鼎。
- 《手繪圖解・天氣動態全知道 生活萬用氣象學》，楊憶婷，和平國際。
- 《氣候變遷地圖》，柯斯汀・陶，托馬斯，唐寧，聯經出版公司。

◆ SDGs 目標十四：保育及永續利用海洋與海洋資源，以確保永續發展

離開陸地思維，投入海洋的懷抱，我們要先了解海洋面對哪些議題：從認識海洋到愛護海洋，進而對海洋生態全面理解，做出永續海洋的行動。你關心過漁撈以及經濟觀光之間的平衡嗎？從家鄉魚市場，你看出消費型態呈現出來的經濟問題嗎？讓淨灘減塑成為日常行動，你不只傳達海洋保育的觀念，也是主動理解海洋，願意成為親近海洋、守護海洋資源的愛海實踐者。

推薦書單

- 《減塑生活》，威爾．麥卡拉姆，臺灣商務。
- 《遇見花小香：來自深海的親善大使》，廖鴻基，有鹿文化。
- 《我們製造的垃圾》，蜜雪兒．洛德，小熊出版。

・《世界盡頭的小屋：我住在鱈魚角海灘的一年》，亨利・貝思頓，一念出版。

◆ SDGs 目標十五：保護、維護及促進領地生態系統的永續使用

永續的管理森林，對抗沙漠化，終止及逆轉土地劣化，並遏止生物多樣性的喪失，是森林重要的生態保育。森林的永續管理與資源的應用，落實「生態平衡」的觀念，讓我們感受人類與自然同在的重要。

一如尊重自然的山徑美學，也是一種綠色的社會設計。同時，如果我們可以做好生態系統的平衡，減少對森林的砍伐，促進環境保育，就能適當的取用資源，從「在地思維」與「商業經營」找到平衡之道。

推薦書單

- 《山與祂的子民：阿力曼與鸞山森林文化博物館》，阿力曼、劉政暉，玉山社。
- 《亞曼的樸門講堂：懶人農法・永續生活設計・賺對地球友善的錢》，亞曼（唐嚴漢），新自然主義。
- 《手作步道：體驗人與自然的雙向療癒》，台灣千里步道協會，果力文化。
- 《向孩子借來的地球》，福岡梓，果力文化。

◆ SDGs 目標十六：促進和平多元的社會，確保司法平等，建立具公信力且廣納民意的體系

ＡＩ時代來臨，我們如何強化法治與發展和人權教育的落實，和下一代共同營造國際和平的社會氛圍，進而推廣人類尊嚴與平等的正義潮流，落實公平

正義的法律與政策。如何重塑當代正義與司法平權，讓各個國家可緊密聯繫，以實現社會永續的發展，讓每位全球公民變成促進世界和平，以及多元文化社會的支持者。

推薦書單

- 《我是馬拉拉：一位因爭取教育而改變了世界的女孩》，馬拉拉·優薩福扎伊、派翠西亞·麥考密克，愛米粒。
- 《我是這麼說的：RBG不恐龍大法官·人生言論唯一自選集》，露絲·貝德·金斯伯格、瑪麗·哈爾內特，溫蒂·W·威廉斯，網路與書出版。
- 《不完美的正義：司法審判中的苦難與救贖》，布萊恩·史蒂文森，麥田。
- 《當我再次是個孩子》，雅努什·柯札克，網路與書出版。

◆ SDGs 目標十七：強化永續發展執行方法及活化永續發展全球夥伴關係

透過全球夥伴關係，促進規則性、開放性、公平的貿易系統與政策，從中提高全球經濟的穩定性，落實「綠色行銷（Green Marketing）」、「全球地方化（Glocalization）」等觀念，強化公民社會的彼此合作，讓環境永續得以實現。當我們的思考不再是個人、屬於特定群體，而是整個地球時，你就會發現：我們可以共同解決所處生活的共同困境，讓生活邁向更美好的前程。

推薦書單

- 《一張六十億人都坐得下的餐桌》，茱蒂・威克斯，臉譜。
- 《社區設計的時代》，山崎亮，臉譜。
- 《一件T恤的全球經濟之旅》，皮翠拉・瑞沃莉，寶鼎。

• 《晨讀10分鐘：未來世界我改變》，藍偉瑩，親子天下。

當區塊鏈走進各領域，產業面臨改變，面對全球性的挑戰，無論是世界趨勢、生活方式、價值轉換，各國該如何因應？台灣又該如何跟進？當我們經歷政治、經濟、社會的轉換期，SDGs指標透過政府政策、教育、非營利組織等，跨越性別、種族、階級的藩籬，培力弱勢，以及促進有尊嚴的工作與經濟成長永續城鄉發展，進而均衡資源的分配，達到整體社會的經濟均等。最後，在環境與生態部分，讓我們更重視氣候變遷、生態保育、人權議題，加速思考自然資源與人類之間，永續發展的N種可能。

期待透過大家提前布局與準備，校園落實環保行動，進行日常與課程的反思與倡議，找到可行與可解決的方案。從中培養學生運用所學，透過落實SDGs

的指標行動，進而打造與時俱進的應變力與創新力，進而達到實踐人類與地球永續共存的理想！

一二八位全球教育工作者、各界專家學者共同推薦

（依姓氏筆畫順序排列）

丁一顧　台北市立大學教育行政與評鑑研究所教授
大師兄　《火來了，快跑》作者
方金雅　高雄師範大學師資培育中心教授
呂聰賢　新北市昌福國小資訊組長
李健維　義大國際高中校長
李崇建　千樹成林創意作文創辦人
李儀婷　小說家．薩提爾教養作家
吳媛媛　《上一堂思辨國文課》作者
林佳慧　雲林縣正心中學校長
林明進　作家
柯雅菱　新北市立新北高中校長
張云棻　台北市立中山女高校長

范筱蓉　新北市立福和國中校長
許榮哲　華語首席故事教練
郭玉承　桃園市過嶺國中校長
陳江海　國立中興高中校長
陳威儀　台南市永康區崑山國小教師
陳舜德　輔仁大學圖書館館長
陳榮德　新北市育林國中校長
曾慧娟　新北市立丹鳳高中校長
溫美玉　「溫老師備課 Party」創始人
黃淑美　緬甸曼德勒孔教學校校長
葉興華　台北市立大學學習與媒材設計學系教授
趙淑瑩　新北市立二重國中教務主任
鄭國威　泛科知識公司知識長
簡俊成　台北市立復興高中／教育部藝術才能班輔導團
賴慶雄　螢火蟲出版社創辦人
顏薰齡　龍顏基金會執行長
龍文　中大壢中國文科專任教師

一路走來，我深刻感受到閱讀所帶來的驚人效果，無論是找出心中疑惑的答案，找到解決問題的方法，抑或是發現全新的方向。閱讀是不敗的人生打怪力，一本書帶來的影響力、學習力以及療癒力，常遠遠超過書籍本身的價值。讓我們一起透過這本怡慧老師的《用書打怪》共學成長，一起成為更好的自己！

——Vito 大叔（大叔診聊室主理人）

文學家泰戈爾的詩〈用生命影響生命〉裡講到：「把自己活成一道光，因為你不知道，誰會藉著你的光，走出了黑暗。」多年好友怡慧老師喜歡寫書喜歡分享閱讀的美好，以她一貫堅持的方式來影響他人生命，用書打怪的修練模式，從閱讀利他做起，讓幸福與愛發光，持續滾動善的循環。身為好友的我，極力推薦怡慧老師這本好書《用書打怪》。

——日卡比洛（台東縣學生輔導諮商中心主任）

怡慧老師堅持書寫的溫度用心出版《用書打怪》，以科技遊戲的寓意結合現代學子的生活／學習經驗，讓學生可以藉由閱讀古人的智慧培養自己修煉功夫及建立打怪能力，進而提升自己的人生戰鬥力，用閱讀來穿越各個不同世代，活出自己的生命故事。

——毛世威（台北城市科技大學機械系教授）

《用書打怪》結合年輕世代的流行用語，到底打什麼怪？擁有這本書二十篇故事的「文化內涵」，將解決生活中的困境，讓文字不再侷限於冷冰冰的知識，而是面對求學、戀愛、家庭最佳解方。讓此書成為你邁向未來、陪伴你的真摯好友吧！

——王文瑞（澎湖縣馬公國小校長）

執念閱讀，深情無悔。認識怡慧越久，就越能看清在她溫婉似水的優雅形貌下，堅毅如鋼的信念與執行力。以閱讀滋養性靈、平撫傷痛，怡慧溫柔地告訴我們，讀吧！以書，抵擋外來內蘊的魑魅魍魎；以閱讀，在浮華世間，覓得一帖安身立命的解方。錚亮寶劍贈英雄，而一本好書，就贈予知己吧！

——王怡婷（苗栗縣立公館國民中學總務主任）

人生在世總是充滿了各種的徬徨與苦難，學業或工作上的不順遂、愛情與友情的考驗、家人親友間的種種壓力、抑或是面對生命生老病死的感慨。每當遇到挫折，除了埋頭抱怨著老天爺的不眷顧外，能否有一些更豁達更平靜的方式去化解？反覆咀嚼閱讀女神怡慧姐的書，總是用著最溫柔的文字，帶給讀者滿滿的勇氣，陪著我們一起「用書打怪」！

——王俊凱（新北市八里國中教師／新北市環境教育輔導團專任輔導員）

怡慧主任的文字有著靈巧脫俗的筆鋒，巧妙的將生命中的大哉問，透過閱讀的視角，引領讀者穿越時空遇見潮人的超魅力，也在生活巷弄裡的吉光片羽中感受有情人間的絕美力，更以自身用書脫魯的閱讀術創造人生潮牌的移動力。走在人生重重關卡的旅途中，你我都需要這樣一本滿血復活用書打怪的祕笈寶典，為人生引路、為生命點光。

——王耀德（新北市雙峰國民小學校長）

人生是一場不斷挑戰、過關打怪的遊戲。遊戲中各種角色的初始設定不同，隨著玩家的經驗值，逐漸提升技能；也有玩家課金買裝備，更快累積經驗值，技能點好點滿。人生這場遊戲，如何點技能、加裝備，面對每個生活中的怪物，甚或 Boss 大魔王？遊戲有祕技，人生也有：參考別人的生活經驗，自己認真練功。「用書打怪」，相信可以幫助我們一起打倒生活中的各種怪！

——史蕙萍（臺南市立九份子國民中小學教師）

在太過匆促的網路時代，靜心閱讀這件事已成少數持有能力。怡慧老師始終在閱讀推廣深耕不輟，已然成為閱讀推廣的火炬手。擁有少數能力，培養的是自我在閱讀中獲得的知識與寧靜。閱讀打怪，打太過倉促膨脹的怪物，打讓人們孤獨茫然的怪，打讓人生迷惘不知所措的怪物。

——羊咩老師（南山中學國文科教師）

我所認識的怡慧老師，不但充滿教學的浪漫熱情，也著重執行的理性實踐。看她的最新作品《用書打怪》，更是覺得：果然是文如其人啊。她以最貼近學生的細膩觀察，佐以自身長期鑽研文史的背景，以現代與古典兼具的智慧與情懷，同理莘莘學子的心情，也給出了溫柔善解的建議。

——吳若權（作家／主持人／顧問）

華特．迪士尼曾說：「書本中的寶藏比金銀島上的海盜戰利品還多」。怡慧老師在《用書打怪》中，不僅大方揭露她的藏寶圖，詳細列出寶藏清單，更一一述明珍寶的價值所在與切實用途！你可以不用親身赴險尋寶，只要翻開這本書，就能享有心靈的財富自由，帶著每本書賦予你的智慧與勇氣，成為行旅人間的最強戰士！

——吳宜蓉（歷史小巨星 aka 暢銷作家）

我是從踏入職場之後才開始愛上「閱讀」的。開始工作之後，為了讓自己更專業而讀，有效率；為了解決問題而讀，有動力。總之，現在的我，可以讀自己想讀的書籍，看自己想看的文章，非常愜意痛快。當我閱讀到怡慧老師《用書打怪》這本好書時，非常喜歡。這是一本可以幫助你站在巨人肩膀上，看得更遠更高的好書，非常推薦。

——吳家德（職場作家）

海賊王羅傑說：「想要我的財寶嗎？想要的話可以全部給你，去找吧！我把所有財寶都放在那裡。」《用書打怪》告訴你八種打怪的能力：從容適應力、正向轉念力、自主學習力、身心平衡力、明辨篤行力、生活美學力、人生微整力、簡約生活力。點滿技能，讓你不用課金也能越級打怪。翻閱吧！人生的問題都在書本裡！

——吳昌諭（新竹市立三民國中國文教師／學務主任）

武俠小說中，若想成為一代宗師，不只是武功高強，還要心中有「道」，更重要的是能傳「道」。怡慧學姐多年深耕閱讀，將箇中千變萬化的套路，融合生命經驗，集結成一本本好書，指點心法，讓讀者解開知識的謎團，跨越閱讀世界的門檻，得到成長喜悅。想練成自我生命的宗師？閱讀《用書打怪》，你會事半功倍。

——吳勇宏（國立宜蘭高級中學教師）

親愛的，可別以為這二十個打怪力你通通要具備，如果是的話，你就太怪了。怡慧老師的《用書打怪》祕笈，邀請你來探索這個神奇的閱讀世界，裡面竟然深藏這樣厲害的打怪力。然後，你會在其中某篇裡，讀到自己，也會發現你的隊友就躲在某篇中。閱讀，原來就是欣賞自己、找到隊友，成團來打怪。

——吳毓瑩（國北教大心諮系教授／心健中心主任）

怡慧老師一直是我在閱讀推動方面景仰的對象，她始終以身作則，也勇於自我挑戰。而這本《用書打怪》，正如書封所寫，人生路上的「怪」何其之多，意想不到的考驗又何其殘酷，因此，讓我們一起跟著怡慧老師，用閱讀來鍛鍊生命力的核心肌群、打倒人生路上的各種「怪」。

——李郁晴（新北市大觀國中圖書教師）

「書中自有黃金屋、書中自有顏如玉」，說明閱讀重要性，怡慧老師更是彰顯了閱讀的「核心價值」：如何從武功祕笈當中修煉有成，進化自己。從《用書脫魯》到《用書打怪》，簡單的書名卻緊扣我們日常生活，文字淺顯卻給我們深深啟發，要打怪就得有功夫，怪會進化，我們也得升級。更厲害的功夫就是收服「怪」，化為己用，增加戰鬥力。

——李貴評（林口麗園國小學務主任）

怡慧老師在疫情反映出的閱讀冷感時代，更是使盡力氣來推動閱讀的引路價值，除了讓閱讀成為人生脫魯的利器外，更提出用閱讀來打生活之怪，解生命之惑。人生是場壯遊，而閱讀就是神隊友，如何幫助自己在旅程中修練八大打怪力，累積閱讀複利創發燦美人生？來！趕緊加入用書打怪的行列吧！

——李雅雯（臺中市立至善國中導師）

怡慧主任長期耕耘與推廣閱讀，並且將閱讀過程中汲取的經驗轉化成面對人生問題時的智慧，提供我們一個值得效法的閱讀路徑。

——李榮哲（台北市立建國中學國文科教師）

怡慧老師，也是我師大國文系的小學妹，對於推動閱讀的熱情令人感動，也許是因為自己人生深刻的經歷，透過閱讀走過孤寂、苦難，學會饒恕、愛人，增長智慧、能力，所以積極透過一部部的創作，想幫助青少年開始閱讀，愛上閱讀，練得一身好功夫，在人生路上打怪、脫魯，創造幸福。怡慧老師的生命經歷就是最好的見證，充滿說服力。

——沈美華（新北市立永平高中校長）

怡慧老師用閱讀面對人生，提供了躺平之外的正面選項，值得點燈細讀，仔細品味。推薦給人生徬徨的青少年朋友、工作壓力的青年夥伴，還有面對生活困頓，希望擊敗身邊怪獸的勇者們！

——阮孝齊（國立臺中教育大學教育學系助理教授）

閱讀除了帶來知識，還有什麼呢？如果用適當的態度與方法，透過閱讀我們能夠獲得不同的生存能力，甚至因而改變自己的人生。而怡慧老師這本書將會告訴你用什麼樣的態度、思考邏輯與方法，讓閱讀來替自己解決生活上的問題，理解自我並找到未來的方向。

——阿飛（作家／行銷人）

泰戈爾的詩篇〈用生命影響生命〉說：「把自己活成一道光，因為你不知道，誰會藉著你的光，走出了黑暗……」，對應怡慧老師新書《用書打怪》的核心價值正是如此。藉由閱讀的引路，讓我們相信有光的存在，可以照亮我們靈魂的暗處，這是一本好書，值得你我細細品讀，願我們每個人都能活成一道光，綻放著人生的美好，照亮自己也能照亮別人。

——林育伸（苗栗縣烏眉國中校長）

怡慧老師的為文思想，總能溫暖、激勵學子，乃至於普羅大眾，這更加說服了閱讀是社會集體的最大公約數。這本書，透過八種打怪力，舉凡從容適應力、人生微整力……等，都是以人為本的我們所該具備的；尤其又以「打怪」的時下流行用語，成功抓住了閱讀者的心。

——林彥佑（中央輔導群輔導員）

我羨慕怡慧如書海天使，我更羨慕怡慧三頭六臂。三頭是指怡慧常從這頭到那頭，時時溫暖著愛書人的心頭。六臂，則是怡慧老師六隻手：翻書的手、選書的手、推書的手、寫書的手，牽夢的手，以及打怪的手。年少時，書頁是青春的翅膀，翻翻書我便能翱翔。年長後，書籍便成了怡慧老師所說的，是打怪闖關的好夥伴。

——林得楠（新加坡作家協會會長）

書跟怪好像是兩個世界的產物，用功讀書的人們跟打怪練功的人們，用數學語言來說這兩個集合應該是互斥事件，沒有交集，然而「用書打怪」找到了解方結合兩區塊，此刻甚至會擔心書到用時方恨少，為了擁有更多的「書武器」，需不斷充實自我，成為打怪世界裡的「台書戰士」，比台幣戰士更有氣質喔，好期待自己能進入「用書打怪」世界，誠心推薦大家一起來「塔翠帕拐」。

——邱健銘（台北市南港高中數學老師）

世界變得很快，我們以往的知識無法應付新的世界，唯一能夠改變的就是用閱讀來理解新的社會。怡慧老師提供了方法，透過閱讀理解自己的內在，跨領域的閱讀，向不同行業的專家請益。而且，每一個人都要量身訂做自己的閱讀書單，那是面對自己和未來的最好利器，怡慧老師的書給了我們一個方向。

——胡川安（中央大學中文系教授）

怡慧老師要分享的，從來不是標竿的效法，而是起心動念的重要，很多閱聽人走著走著就散了，原因無非是沒有體會到從作者身上挖到寶的喜悅！我常說，北風與太陽你更喜歡哪一個？相信怡慧老師文字間的煦煦溫暖，會打開你落下已久的愛與情懷！

——胡語姍（台北市家長協會理事長）

閱讀力是終身學習的基石，也是拓展視野的關鍵，宋怡慧老師非常用心，長期投入閱讀教育，將閱讀帶入每位學子的生命當中，展現創新教學實踐力量，正是翻轉教育之典範教育家，《用書打怪》是怡慧老師最新之智慧精華，我誠摯推薦本書以建立更好的社會！

——范熾文（東華大學教授兼師培中心主任）

怡慧老師就像是文字精靈，帶著我們在書海裡找到一座座風貌各異的島嶼，用閱讀萬花筒向我們展示繽紛多彩的文學世界。閱讀傳教士宋怡慧讓我們相信：每個人在每個時期都應該備著文學牌行動電源，隨時給消耗在現實的靈魂充充電。

——俞松伯（宜蘭縣私立慧燈高級中學教師）

打怪別怕沒新招，跟著閱讀傳教士怡慧老師，必定能從書中修煉絕招。卡關者必看《用書打怪》，尋找過關祕笈。過關者必讀《用書打怪》，累積智慧等級。

——施賢琴（教育電台節目主持人）

閱讀為生命打開一扇扇窗戶，引進麗日和風，秋月春花、也引進雷霆閃電、霜雪冰雹。這本書將為您帶來何種體驗呢？值得期待。

——段心儀（中華語文教育促進協會祕書長）

當我第一眼看到這個書名的時候，直覺就想到這個「怪」，該不會就是「數學」吧！在這個強調素養題，解決生活問題的時代，有時候，數學考不好，真的不曉得是語文理解不好？還是數學計算不好？怡慧學姐《用書打怪》這本書延續上一本《用書脫魯》，透過閱讀，絕對可以帶給我們更多更強的力量，不但可脫魯，可打怪，甚至還可以越級打怪。誠摯向你推薦！

——洪進益（澎湖縣石泉國小教育部師鐸獎／暢銷作家）

生活中有各種「怪獸」要打，在所難免；「新手」在打怪路上跌跌碰碰，也在所難免。當然，遇到比較可怕的怪獸，老手都不一定打得過……都說讀書培養氣質，怡慧老師這次帶年輕的同學們，甚至已經不太年輕的大人們，憑書闖關，降魔伏妖，溫和又淡定。

——倫雅文（香港中華基督教會協和小學（長沙灣）圖書館主任）

遇見一本命定之書是幸運的，遇見一位為你挑選命定之書的怡慧老師更是無比幸福的，擁有《用書打怪》幫你補血衝破閱讀的各種關卡，那麼，你就能同時擁有幸運和幸福，你還在等什麼呢？

——凌明玉（作家）

我們期待學生能多元思考、還要培養面對未來的種種關鍵能力……這些都不是容易的事啊。感謝怡慧老師總是能憑藉著豐富的國學素養，透過優雅而溫暖的語句和學生對話。再度期待怡慧老師的新作品！

——徐欣怡（臺北市政府市政顧問／前台北市教師會理事長）

恭喜女神作家怡慧主任又有新書問世，怡慧的文字時而溫婉深情、時而犀利慧黠；可藉與古人相望，與今人交心；還可用以脫魯、至於用來打怪？令人期待！

——徐淑敏（新北市立溪崑國中校長）

「知識會帶你走過A到Z，八種打怪力將把你帶到任何地方。」人生，就如同開放的遊戲世界，人們總為了追尋自己的終極祕寶，過程中難免遭遇強敵而傷痕累累。不過，現在您不必苦尋擊敗魑魅魍魎的咒言書，《用書打怪》已集結了八種透過閱讀來修煉打怪力的祕法，幫助您在人生旅途中勇敢的做自己、超越自己，最終利用不能飛的身體，翱翔於人生遊戲之中！

——祝育晟（新北市實踐國小導師）

《用書打怪》是宋怡慧老師在二〇二二年出版的第三本書，也許你對她豐沛的創作能量感到咋舌，但身為老師的忠實讀者與臉友，我們可是一再從她溫暖柔軟的文辭中找到源源不絕的正能量。長期以來，不論是老師在臉書信手拈來的短文，或是一篇又一篇抒發心情的文章、一本又一本值得收藏的著書都讓讀者從中找到共鳴。而這本新書正是這樣的發想，怡慧老師引領我們，從閱讀中安頓身心、療癒自己，體認自己在人生的道路上並不孤單，進而激發繼續前進的勇氣。

——張尤金（棒球作家）

前年中秋，我在臉書上寫了《國學潮人誌，古人超有料》讀後感，沒想到竟驚喜地「引來」作者本人留言，更因此逐步建立了私人情誼。看！讀書能帶來的美好，總是超乎想像。除了結識作者、考一百分……其實讀書更能幫自己「打人生的怪」！不信？翻開《用書打怪》細讀，便知所言不虛。

——張永瑋（國語日報總經理）

單憑書名《用書打怪》，足以延伸出另外兩層意思：一是「用書」，說的是閱讀不敗，現在網路方便，資訊發達，只有搜尋不力，沒有書到用時方恨少這回事，要會用書，得多閱讀，閱讀就是人生資本。其二是「打怪」，培養內在的打怪力，沒有誰怕誰，只有一身是膽的從容。疫情前後，宋怡慧老師先是出版了《用書脫魯》，教人脫穎而出，獨一無二；疫情後出版《用書打怪》，意在應對疫情後的許多不確定性，培養多面的打怪戰鬥神功，站穩人生勝利組。

——張永慶（馬來西亞波德申中華中學校長）

書可以「當枕」，讓我們織就自己的夢；書可以「脫魯」，讓我們看見自己的光；書可以「打怪」，讓我們挑戰自己的極限。在怡慧的世界裡，書，無所不能。年齡、身分、性別、種族，都泯除了界線，不只在虛幻世界裡可以讓人重新整合，不斷精進；在真實的世界裡，依然可以縮短摸索的階段，掙脫束縛，獲得反饋。因為書是許多人在各個時代、不同地域、相同情境，提供我們的資源和支援。我不玩遊戲，但依然有極限需要挑戰，感謝怡慧讓我擁有夢、看見光、學習選擇。

——張美慧（桃園市立武陵高中讀服組長）

每讀一本書，我都可以轉化為生命的良能，在輔導孩子時也可以和他們分享書中所看到的金句、作者們所分享的觀點和方法。那你還猶豫什麼？趕緊加入「用書打怪」行列，努力打造我們的從容適應力、正向轉念力、自主學習力、身心平衡力、明辨篤行力、生活美學力、人生微整力、簡約生活力等等，感恩我沒有浪費這場疫情的危機，因為閱讀也是一種「悅讀」，它是我心靈、精神營養的滋補品。

——莊琇鳳（馬來西亞吉華獨中校長）

佩服宋怡慧老師善用青少年的語彙及情境引導學生閱讀。從《用書脫魯》至《用書打怪》，標題已獵取閱讀者之目光、注意力及好奇心，亟欲一窺究竟；用書打「怪」非手遊中的「妖魔」，而是人生成長歷程中之「鬼怪」，用閱讀為生命脫魯，翻轉人生，藉由閱讀引路，習得人生不敗之打怪力。

——莫恒中（新北市立三重高中校長）

跟著宋老師的出版足跡，我在被疫情擾亂的這幾年間一有機會就提醒學生：「知識，是脫魯的絕佳途徑。」透過大量閱讀、古今對比，所有的混亂都可以理出脈絡，依序解決再從中尋求機會。現在更是個奮進的時代！宋老師梳理無常，用溫柔堅定的文字繼續帶著我們前進。數位時代如何跟上軟硬體的升級速度呢？一起用書打怪吧！

——連育仁（ViewSonic 優派學院院長）

由閱讀入，再從領悟出，由是走成一條身心的康莊大道。

——陳志銳（新加坡南洋理工大學國立教育學院副教授）

後疫情時代，人們開始重新思索自我與世界。如何重新出發、面對層層難關呢？在《用書打怪》一書中，作者宋怡慧用優雅的筆觸，帶你看見許多值得思索的議題，同時精選各類書單，讓你透過閱讀，過關斬將，迎向美好未來！

——陳志恆（諮商心理師）

人生的技能樹，你要如何升級你的技能呢？像手遊當中喝個藥水提升悟性，快速升級攻擊技能？還是組團打怪，靠打怪掉落的東西升級技能加強能力？在現實的世界之中，怡慧老師提供了最快升級人生技能的方式，不是組團打怪，不是喝藥升級，而是靠閱讀升級人生技能，解鎖人生技能樹，來面對未來世界的挑戰！用書打怪絕對是人生最佳升級外掛！

——陳乃誠（新竹市竹光國中資訊組長）

怡慧主任面對生活正面積極，用對閱讀的愛感染學生，在她的閱讀世界裡，沒有打不倒的怪。

——陳今儀（宜蘭縣政府文化局圖書資訊科科長）

怡慧的文字總是充滿溫馨正向的力量，引領讀者用新的視野去看待理解周遭的世界。迎向後疫情時代的閱讀、學習與生活，《用書打怪》正是一本協助讀者加速升級內在功力的武功祕笈，幫助讀者培養八大神功打怪力，從此人生可以不斷破關，沒有突破不了的坎！

——陳玉桂（新北市立金山高中校長）

無論《用書脫魯》、《用書打怪》，怡慧總堅持以青春引領青春，以凡塵入世凡塵，以慧黠結晶慧黠。青青子衿、莘莘學子，無不「中其計」、「入之甕」，人人手捧書本，啃食智慧，從打怪練功中真正脫魯，真正獲得神助而長養神力，撫慰因 COVID-19 而令人煩躁不安的心情。怡慧像是天女下凡，現身說法：「閱讀，真有魔力啊！不信，你試試看吧！」

——陳宜政（高雄市鳳西國中國文教師）

閱讀＋潮流＝怡慧。以貼近學生的經驗——「打怪」比喻「生活中會遇到的難題」，進而讓學生發現閱讀的重要！這招著實厲害！

——陳欣希（臺灣讀寫教學研究學會創會理事長）

我的好同學怡慧主任在閱讀推廣的路上已經深耕多年，也可以說是著作等身，但是她不以此為滿，仍舊保有初心為閱讀推廣盡力。推廣閱讀是每一間學校努力的方向，尤其在新課綱上路後更著重在素養的養成，而閱讀理解則是開啟素養的一把鑰匙。我們期待人生之路能有閱讀陪伴每一位孩子成長，能以閱讀打怪通關，開啟每一位同學希望的人生。

——陳政一（澎湖縣文光國中教務主任）

人生有無數的關卡，多數的關卡都須自己面對解決，我們沒那麼聰明自己突破，但靠著閱讀，或者改變了心念，或者增強了能力，所以能一一度過，年輕世代的說法就是打怪。

——陳昭珍（中原大學講座教授／國立臺灣師範大學名譽教授）

怡慧總是能接地氣，貼近學生生活的方式，用學生的語言，推展閱讀，讓學生愛上閱讀，成為生活的一部分，這不就是教育的目的。人生路上會遇到的「怪」何其多，當無法順利擊敗時，回歸初心，透過閱讀，或許就能找到面對的解方，迎刃而解。

——陳美秀（嘉義縣立永慶高級中學祕書）

當閱讀《用書脫魯》時，其文字能為魯蛇們點燃智慧火炬，解惑、除憂，蛻變成鳳凰展翅翱翔屬於自己的一片天！而《用書打怪》更是智慧與溫情兼蓄，在這瞬息萬變的時代，怡慧主任透過文字引領讀者以高超智慧面對生活中各種「鬼怪」的挑戰，更注入溫情提點讀者莫忘這人間有滿滿善意不斷的流轉著！

——陳茂松（臺中市立北新國中輔導主任／國文老師）

疫情時代加速滑（手機）時代的沉迷，人際互動降低，也同時增加更多的不安和焦慮。透過閱讀女神怡慧主任的新書-用書打怪的精闢文字才知道，透過閱讀就能找到同溫層和成就感，更能練功打怪，安頓疫情時代的身心靈。讓我們一起放下手機來閱讀《用書打怪》，一起打贏人生路上的怪物！

——陳琬婷（嘉義縣立竹崎高級中學教務主任）

察覺問題、提出問題、分析問題、尋找方法，並能提出策略解決問題，加以應用於適當的情境，這一連串的思維與能力是在數位洪流的時代中，非常需要也該是個人基礎修煉應有的素養。透過閱讀培養思考與判斷，也作為自身提升的一種武器，如同書中所提到生活中的困境，像打怪般的歷程，披荊斬棘一路過關斬將。我們常說「人生如戲」、「遊戲人生」是一種豁達態度，《用書打怪》將會是體會這閱讀奧妙的最大樂趣！

——陳聖智（國立政治大學傳播學院數位內容碩士學位學程副教授）

讀寫力是二十一世紀知識社會的共通貨幣。讀寫力不足的人，不僅輸在起跑點，更容易輸在終點。文字是我生命的一道光，藉著這道光，走出了黑暗。書籍是最佳療癒止痛劑，打開《用書打怪》，您就會知道！

——陳麗雲（輔仁大學兼任講師）

誠心推薦《用書打怪》這本讓我想要在深夜好好閱讀的書，當我見到書名，便開始思考「怪」究竟什麼？是生活中所帶來的困頓，或是心中不想面對的心結，也許可能是已經被遺忘的回憶。或許當我們把「閱讀」當作一面照妖鏡，開始正視這「怪」的各種面貌後，就可能引動出一則深刻的故事吧！原來！我們每個人都需要好好用「閱讀」去搜捕人生中的「怪」。

——陸育克（陸爸爸說演故事劇場藝術總監）

怡慧靈秀藏趣的詼諧文字，是鐵扇公主的芭蕉扇，可以一掃心中的陰霾；鏗鏘有力的生花妙筆，是熠熠發亮的燈塔，總能指引迷航學子的方向；溫柔和煦的篇章，是降妖伏怪的無敵星星，無懼無畏人生的陣陣波濤巨浪。一開卷，不止有益有力，還能打怪驅魔，遍地蓮花芬芳。

——彭仁星（苗栗縣永貞國小教務主任）

柔柔悠悠的怡慧老師，在《用書打怪》中，人設成裝備齊全的神力女超人，走在群魔亂舞的妖怪路上，斬妖斬怪，殺出一條有閱讀的目的之路，契合志同道合的各路人馬，掛牌登記「閱讀英雄大聯盟」。哇，好霸氣、好女力，越妖（腰要彎）越怪（越搞怪）越精采。人生嘛，誰不曾短暫孤寂？又有幾人人生不塗塗改改。閱讀，贈與了不斷碰壁的人生，長成巨大能量的肌耐力。

——黃小萍（台北市立萬芳高中高中部歷史科教師）

歷史英雄人物身邊都有一位頂級謀士，例如：劉邦身邊有張良、劉備身邊有諸葛亮、秦始皇身邊有李斯，生活在現代的我們是很幸福的，因為頂級謀士就在我們身邊，就是那一本又一本的書，作者把智慧結晶寫成了書，我們透過書得到寶貴的建議！生活、工作中有許多怪，吸取書中智慧來打怪，我們可以當自己的英雄。

——曾培祐（培果工作室教學吸睛技巧培訓師）

迎向後疫情時代，怡慧老師以《用書打怪》一書，透過閱讀指引大家八個重要的正向力量，讓我們即使面對不安的世界，依然能見怪不怪地保持內心的安適，更有智慧地開創屬於自己勝利的新局。

——曾期星（新北蘆洲國中中學教師／詩人／乾坤詩刊總編輯）

閱讀是怡慧主任送給孩子最懇切的禮物，將受用一輩子，打怪是一個獲得樂趣的管道，就跟閱讀這本書一樣，用心打怪就能獲得智慧與快樂！

——曾碩彥（新北市立海山高中圖書館主任）

面對磕磕碰碰的人生，是否常覺得負能量爆棚，心有餘而力不足？幸運的是，我們有怡慧老師提燈引路，引領我們在閱讀中找到生命關卡的解方。期待透過此書，孩子們能融會怡慧老師的「打怪八力」，關關難過關關過，讓人生修煉升級！

——温展浩（新竹市私立曙光女中國中部國文科教師）

人生，是場戮力前行的旅程，挫折與阻撓總是於你我身旁伺機而動。但在每個人的旅途傳記裡，我們總有幾個能夠拿得出手的「魔法」，來面對前方的種種關卡。而閱讀，則是我們身旁最平凡，卻擁有強大魔力的魔法。從內在心靈到外在的世界，只要我們願意，我們永遠能從這些文字裡提取無限的能量。你施展過「閱讀魔法」嗎？拿起你的魔杖，一起「用書打怪」吧！

——傅文豪（歷史老師黑米）

奧德修斯有雅典娜作心靈導師；孫悟空有定海神針作武器，大雄有多啦A夢為他化解危機。你的人生呢？要人生通關，不必刷裝備，就一本《用書打怪》幫到你。

——程志森（香港風采中學資深圖書館主任）

書中的閱讀八力及三層次打怪模式，連結了教育潮人宋怡慧主任的新思軸線，幫助我們面對生命的妖怪，轉化成人生的寶可夢，在這打怪地圖中與夥伴一同化感動為驚奇；以最美的閱讀打怪力追尋夢想，溫潤眼界，轉動世界，進而擁有「夢想不到手，絕不放手」的格局，以淡然面對起落的灑脫。

——程煒庭（新北市立思賢國小校長）

我們總以為乘坐光速的訊息，可以帶我們到無遠弗屆的地方，任性地用滑鼠和鍵盤暢所欲言，抑或是無限次數地角色扮演成為斬妖除魔的英雄，卻忘記翻閱下細細品味的眉批和體會所帶來的心靈饗宴，怡慧老師用書打怪給你重新再看一次閱讀無法取代的魔力。

——舒富男（臺中市立人國中校長）

創作型歌手陳綺貞在52赫茲歌詞中寫到「孤單打不開　封閉的耳朵　沒有人聽見　我在唱著　生命的寂寞」，怡慧老師的文字中也提到這個故事，對科學老師而言「頻率」是個科學語言，在歌手與作家的手中轉變成述說故事的方式，藉此找尋夥伴，期盼大家在「用書打怪」中找到對的頻率，一同「共振」。

——黃子欣（康橋國際學校自然科教師）

打怪是每個玩家都曾有過的練功經驗，在不斷打怪的過程厚植實力，讓玩家的能力逐步提升。人生的練功經驗亦是如此，求學、就業，甚或生命中每道關卡，都在打怪中學習新的技能，怡慧主任的閱讀量能就像一部部武功心法，《用書打怪》正為我們的打怪人生升級裝備，讓這本書「下架」跟著你回家，為我們的人生做足破關準備。

——黃信騰（新竹市光武國中校長）

感謝怡慧主任引導學生用書打怪，用閱讀拓展生命新視界，找到人生困境的解脫，最重要是能透過閱讀找到更好的自己！

——黃秋琴（龍潭國中教務主任）

ＲＰＧ角色扮演是最受人們的青睞電玩類型，因為自己可扮演趨近完美遊戲人物，在虛擬世界中發光發熱。而真實人生如同遊戲中的ＲＰＧ，何嘗不是挑戰各種關卡，而閱讀如同電玩中的攻略或隱藏寶物，指引闖關祕訣或提升人生成功的戰力。因此誠摯推薦攻略中上乘心法或就是怡慧老師《用書打怪》。本書沒有說明何種高段的絕技，但卻閱後讓自己人生關卡都能迎刃而解，邁向紫禁之巔。

——黃淳亮（中華未來學校教育學會祕書長）

我認為人生各種如「怪」的問題，書中都有答案，都有寶刀可以抗衡。我們找不到，是因為我們看得不夠多，但書海茫茫，真是漫無邊際。怡慧主任撰寫《用書打怪》，透過三大面向、八大能力分類各種寶刀，當你面對人生的「怪」，歡迎翻開這本寶典，一定能找到適合你的寶刀，體會用書打怪的化境與奧義。

——黃浩勳（台中市沙鹿國中國文教師）

怡慧主任的文字總是令人感動，而感動來自於她是那樣豐盛的一個人，更來自於她堅持筆耕墨耘的行動。繼《用書脫魯》開啟閱讀習慣，帶你脫魯解困；《用書打怪》增強閱讀攻略，將帶你過關斬將！

——黃鈺婷（高雄市陽明國中教師）

怡慧學姐總是能把閱讀轉化成人生航行的穩定力量。帶著孩子們從書中找出羅盤所指的方向，撥開迷惘的暗霧，堅定前行。從用書脫魯開始，怡慧學姐以不同篇章開啟我們的視野，接下來，我們可以一起攜手打怪，確定遭遇的那些挫折疑惑，能在書裡找到祕訣、找到滿血復活的寶物喔。

——黃麗禎（國立師大附中國文科教師）

此刻的你，有什麼瑣事上心頭，有哪些燙手山芋？某些朋友往來時很磨心，該怎麼拿捏距離斷捨離？常聽到又有新人主持podcast，若想躬身入局，得從哪一步做起？有些人不相信閱讀能解決他的問題，往往是因為他沒辦法清楚描述問題的表皮內裡。一旦釐清問題，答案將揭，不需尋覓。宋怡慧老師這本書就是教人釐清眼前跟未來的大小問題。

——楊斯棓（暢銷書《人生路引》作者）

人生的挑戰就像虛擬世界的關卡一般，必須提升主角的能力才能夠關關難過、關關過。而「閱讀」正是我們在現實社會中，提升自我能力的最好方法，讓大家一起透過閱讀讓我們升級吧！

——楊鵬耀（國立花蓮高級中學校長）

怡慧老師繼教我們用書擺脫魯蛇人生後，更進一步地教我們用閱讀來升級自己，用更好的方式來面對生活中種種的「怪」。藉由閱讀提升自己的素養，眼界也會越來越開闊，對於人生中遇到的難題也能找到解答。衷心推薦《用書打怪》作為你打怪之途的祕笈與神隊友。

——葉怡麟（新北市立福和國中國文老師）

「用心閱讀，用書打怪。」逐步向前邁進的路難免坎坷，回首都將成為記憶中的閃耀星芒。且看怡慧老師如何讓挑戰難關的真知灼見，轉化成一篇篇動人心弦的勵志文章。

——葉奕緯（彰化縣立田中高中國中部數學教師）

閱讀是提升語文能力重要的一環，一直以來，宋怡慧老師在閱讀理論的研究成果與戮力推動，令人刮目與敬佩！我覺得宋老師在閱讀理論的闡揚與實踐，堪稱亦是增益閱讀功效重要的環節。本書造福學界，裨益學子，確實是一本好書，爰樂為之推薦。

——葉鍵得（臺北市立大學中國語文學系兼任教授）

生活中不乏有各式各樣的阻礙，書本中的文字給予我們前人的智慧，讓我們從中學到各式各樣的人生解鎖方法。遇困用書打怪，人生晉級無礙！

——詹淑鈴（臺北市立北安國中教務主任）

人人有過低潮，宋老師的《用書打怪》將眼光投入人們一生中最低潮困頓時，面對身心受傷、外加層層障礙，他們各用什麼方法安然度過？回到自身，在生活中自己可以預先修行的「功夫」，與能請求幫忙的「天使、戰友」又有哪些？若還沒來得及盤點也沒關係，宋老師的《用書打怪》，便是獻給讀者的修練心法與實作演練！

——廖泊喬（作家／精神科醫師）

「怡慧老師我偶像！」這是我最喜歡在老師臉書留言時用的語句。謝謝怡慧老師堅信每個人都可以透過閱讀安頓生命，透過閱讀為生命提燈解惑……這是真的，有了閱讀溫暖的陪伴，我解決問題的能力提升了，且更有勇氣面對人生的困難。除了推廣閱讀，怡慧老師待人暖善真誠，真讓我為之著迷。

——趙蕙英（台北市萬大國小教師／教師會會長）

閱讀乘載經典智慧，閱讀改變思維視野，用閱讀解決人生問題，是極有智慧的作法。怡慧老師以時下熱門話題為引，帶領讀者探討解決人生問題需具備能力，輔以超過百本推薦閱讀著作，願讀者拜讀並努力實踐，讓自己的生命持續改變，量變產生質變，願你活出精彩無悔的人生。誠摯推薦宋怡慧老師新書《用書打怪》。

——趙胤丞（《小學生高效學習原子習慣》作者）

讀著，生活四處神遊；走過，人生不斷翻坎。閱讀，找到一片瘋景狂歌，創造一段奇幻旅程。手裡的書，總讓自己經常有機會透過不同的視角，看著和自己生活周遭迥異的風景。說怪，倒是一種淡然，這個世界本就雜揉著不同的滋味；也許恬淡，猶如蜻蜓飛過籬笆，微風吹過一片稻田，可是就那麼心弦動盪，久迴不已。

——潘慶輝（新北市政府教育局聘任督學）

在出版與資訊爆炸的年代，現代人容易出現的閱讀的焦慮。然而我們卻可以藉由改變閱讀的原子習慣，與生活中的書本、追劇、Podcast，一同自在呼吸吐納，成為一個知識海洋中的悠遊者。宋怡慧老師不啻是最稱職的導航者，她會在書中引導你選書，並配合自己的閱讀需求，輔以時間管理矩陣圖，去找到自己汪洋中的閱讀星圖。

——蔡淇華（作家／台中市立惠文高中圖書館主任）

閱讀是靈魂的混血，更是能力的超進化。讀書萬卷始通神，用書打怪看這本！讓怡慧引領你蛻變成長、飛越挑戰。

——蔡宗翰（高雄市政府消防局打火哥／作家）

人生中，總有狂風暴雨的冷冽與低潮，好似全世界都背棄了你。好險有春日暖陽宋怡慧，將正向思維與暖心創作，透過優雅的文字，構築了再出發的希望。

——蔡宜芳（新北市立桃子腳國民中小學教務主任）

好友怡慧老師喜歡寫書喜歡分享閱讀的美好，以她一貫堅持的方式來影響他人生命，用書打怪的修煉模式，從閱讀利他做起，讓幸福與愛發光，持續滾動善的循環。身為好友的我，極力推薦怡慧老師這本好書《用書打怪》。

——蔡幸珍（資深閱讀推手）

人生就像在玩一場角色扮演的遊戲，過程中會有不同的怪物冒出來，如果遇到打不倒的怪物，就需要遊戲攻略的協助，才能在遊戲中生存下來，這本書像是人生遊戲的攻略，幫助玩家提升遊戲技能、順利打怪之餘，還能讓玩家在善意升級的旅程中遇上志同道合的好夥伴。

——蔡芸琤（國立臺灣師範大學科技系老師）

怡慧是女神，無庸置疑。只有女神的手，可以化書為疏，疏通人生遇上的疑難雜症，信手拈來，無論是古籍經典，或是近代精選，雖是良藥但不苦口，盤盤皆是入口即化的絕妙好滋味。邀您一起品嘗最溫潤的人生處方：用書打怪。

——蔡思怡（高雄市立七賢國中學務主任）

在這資訊爆炸、訊息流竄的紛亂世代，如何找到安定身心、辨別真偽的智慧之鑰，沒錯，就是帶上怡慧的這本書《用書打怪》，帶上它，必將順利闖過人生重重關卡，進入生命的祕密花園——純淨、無擾。

——蔡餘宓（台中市居仁國中教師）

從本書名稱可以發現怡慧非常能夠掌握孩子的語言，抓住孩子的心。在跌跌撞撞的青春中，有本書為伴，相信孩子們更能掌握自己，悅納自己的人生。在推動閱讀的路上，能為青少年學子立言著書，用八種打怪能力，幫助學生離開怪獸，從容面對人生，找回自己。其中還關注到莫讓自己成為別人的怪咖的觀點，讓現況下的你我，更能反思自我性格及覺察自我情緒，這些視角非常珍貴。

——鄭麗卿（教育部初任老師共輔員總召人）

你打遊戲卡關會怎麼做呢？是不是會找遊戲攻略？或研究高手怎麼玩？又或者是自己練到破關為止呢？很好，那換到現實人生，如果人生卡關你會怎麼做呢？你不用急著回答我，因為我想先告訴你作法，那就是翻開怡慧的《用書打怪》，總有一本書會有你人生的答案，前提是，你要知道是哪本書。《用書打怪》就是你的人生指引，透過怡慧的「閱讀感悟」和「豐富書單」，人生竟然變得和遊戲一樣好玩！

——歐陽立中（爆發閱讀教練）

用書打怪，可以看到怡慧主任對於「閱讀」殷殷情切的赤子之心，在閱讀的道路上，以打怪之姿，在突破自我之際，也希望每一個透過閱讀的人，可以突破無數的坎與人生關卡。

——賴來展（新北市立清水高中校長）

面對人生各類的怪，常讓我們深陷谷底或一個不小心就被擊敗，此刻的我們唯有推出強大無比的對手：閱讀，來與之對抗；為了擊敗它，閱讀更必須不斷升級進化，直到擊退這些出現在我們人生各階段的妖魔鬼怪。怡慧的《用書打怪》正是如此！我深信，透過閱讀，你會成為自己人生最強的打怪專家！

——賴秋江（高雄市新上國小教師）

溫暖的文筆……動人的故事……是怡慧老師文章給人的感覺，認真又充滿熱情的模樣是怡慧老師的標誌，這是一本不能錯過的好書，不用八股的方式來說教，而是利用時下大家喜歡的打怪方式來帶領我們進入書中的世界，極力推薦這本有趣又有意義的好書。

——謝基煌（新北市三峽區成福國小教導主任）

打怪的人生，手上是需要武器的。這武器是識見，是表達，是心中的善，是清晰的思考，在奪取寶物的路上，確實需要日積月累的修煉，才能過關斬將，不致陷入困局。讀書是最簡便的方法，充實自我的最佳時機。當讀書成為最熟悉的姿態，就發現自己真的美了起來，靈魂具有風采，世界明亮有神。歡迎加入怡慧老師帶領的打怪軍團，讀完舊我立刻銷毀，生命即時升級。

——鍾正道（東吳中文系副教授）

高徒怡慧主任博學多聞，妙筆生花，近年在國內外大力推動閱讀的重要，成果斐然！新作《用書打怪》發想出三個層次的打怪修煉模式，藉以鍛鍊出八種打怪能力，讓我們行走在人生旅程中儘管面臨任何如怪獸般的橫逆險阻，都能依憑閱讀展現智慧的火花、無懼的勇氣，甚至群體的力量，成功破關升級！好書在手，謹與各方愛閱者分享！

——鐘明媛（聖心女中學務主任）

怡慧老師整理自己的閱讀歷程，歸納出三大面向及八大能力，對抗生命中的妖魔鬼怪，讓閱讀的強大體現在面對人生的種種殘酷。向你推薦這本好書，讓你了解閱讀是強大的武功祕笈和生存武器，足以對抗人生的各種問題。

——簡志峰（中原大學教育研究所副教授）

與怡慧主任熟識，是在一起修習高中圖書館主任學分時，怡慧主任的心思細膩、邏輯清晰，總是能為他人考慮，是班上的女神與開心果，而在這秀外慧中的外表下，怡慧主任卻總是有源源不斷的寫作能量與創意，真的讓人驚艷，而這次透過《用書打怪》一書，提出「閱讀依舊是我們人生闖關打怪的安靜旅伴，更是打怪路上強助攻的神隊友」這樣的觀點與內容，真的是讓我以及所有的讀者都耳目一新，受益良多！

——顏龍源（新北市立鶯歌工商校長）

《用書打怪》說明閱讀的重要性與必要性，在這後疫情時代，會遭遇到許多未知的情境與問題，若經常養成閱讀的習慣學習新知，將較能夠解決日常生活問題，而且閱讀處理的不會只有問題，心境、心情在經過閱讀理解的轉化後，也會有正向的心理素質。「障礙」就像怪物，「閱讀」是打倒怪物所必需，因此當「閱讀」的等級愈高，就能解決愈強的怪物。「閱讀」它無所不在，「障礙」怪物也處處可見，我們一起來升級能力，一起跟著怡慧老師「用書打怪」！

——魏光亮（台北市內湖高中教師）

以書結緣、用書打怪——是怡慧豐沛生命的體悟與實踐。誠如世界上最神祕且孤獨的鯨魚

「52赫茲」，我們的一生都在尋找彼此理解、相互扶持的夥伴——閱讀，正是這份「緣」的繫繩。在《用書打怪》中，讀者可以習得八種打怪的能力、學會如何透過閱讀修煉升級，一步步克服現實人生的「坎」。你，準備好了按下「START」了嗎？

——蘇健倫（桃園市立壽山高中歷史教師）

用書打怪

閱讀是不敗的人生打怪力

作　　者　宋怡慧

社　　長　陳蕙慧
總 編 輯　陳瀅如
責任編輯　陳瓊如
行銷企畫　陳雅雯、林芳如、余一霞、趙鴻祐
特約編輯　鄭琬融
校　　對　魏秋綢
封面攝影　TODAY TODAY（Nick Song）
封面設計　謝捲子@誠美作
排　　版　宸遠彩藝

讀書共和國集團社長　郭重興
發 行 人　曾大福
出　　版　木馬文化事業股份有限公司
發　　行　遠足文化事業股份有限公司
地　　址　231新北市新店區民權路108-4號8樓
電　　話　(02)2218-1417
傳　　真　(02)2218-0727
Email　service@bookrep.com.tw
郵撥帳號　19588272木馬文化事業股份有限公司
客服專線　0800-221-029
法律顧問　華洋國際專利商標事務所 蘇文生律師
印　　刷　呈靖印刷股份有限公司

初版一刷　2022年10月
初版三刷　2023年3月

ISBN　9786263142855（平裝）
9786263143050（EPUB）、9786263143043（PDF）
定　　價　380元

國家圖書館出版品預行編目

用書打怪：閱讀是不敗的人生打怪力/宋怡慧著.
-- 初版. -- 新北市：木馬文化事業股份有限公司出
版：遠足文化事業股份有限公司發行, 2022.10
面； 公分
ISBN 978-626-314-285-5（平裝）

1. 閱讀　2. 讀書法
019.1　111014968